AF450757

LA TECHNIQUE

DU

CROQUIS ET DU DESSIN INDUSTRIELS

—

CONVENTIONS, EXÉCUTION, REPRODUCTION ET LECTURE

LA TECHNIQUE

DU

CROQUIS ET DU DESSIN

INDUSTRIELS

CONVENTIONS, EXÉCUTION, REPRODUCTION ET LECTURE

PAR

E. MAREC

INGÉNIEUR DES ARTS ET MÉTIERS (E. S. E.)
EX-PROFESSEUR DU COURS LIBRE DE DESSIN INDUSTRIEL A L'ÉCOLE SUPÉRIEURE D'ÉLECTRICITÉ
ET A LA FACULTÉ DES SCIENCES DE PARIS

DEUXIÈME ÉDITION

PARIS
DUNOD, Éditeur
Successeur de H. DUNOD et E. PINAT
47 ET 49, QUAI DES GRANDS-AUGUSTINS
1910

PRÉFACE

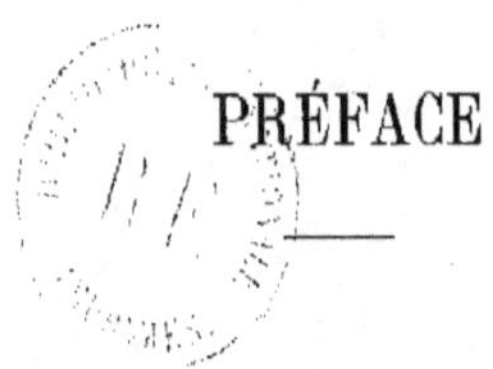

Il n'est pas sans intérêt pour le lecteur, avant d'aborder la lecture de cet ouvrage, de jeter un coup d'œil d'ensemble sur l'industrie.

Ce coup d'œil lui permettra de mieux connaître la place qui y est occupée par le dessin industriel et d'en mieux apprécier, par suite, l'importance.

L'industrie est entièrement dominée par son but, *le bénéfice*.

Tout ce qui se rattache à cette branche de l'activité sociale doit, en conséquence, tendre à accentuer ce résultat.

Le matériel étudié, construit et vendu, n'est que le canal employé pour pouvoir obtenir ce bénéfice.

C'est naturellement l'étude de ce matériel qui constitue le point de départ et, par suite, la base de l'opération financière. Elle prend de ce fait une importance particulière.

Chez un constructeur, l'organisme où se fait cette étude est le « Bureau d'études » souvent appelé aussi, mais plus improprement, « Bureau de dessin ».

Le bureau d'études constitue, au point de vue technique, le véritable cerveau d'une affaire industrielle.

Toute amélioration apportée dans l'organisation ou les méthodes de travail de ce bureau, aura comme conséquence une diminution des rubriques « Frais généraux » ou « Frais de production » et, par suite, améliorera le compte « Profits et pertes » qui caractérise les résultats obtenus.

Comment réduire au minimum la participation du bureau d'études dans les frais généraux et dans ceux de production ?

Deux règles principales doivent servir de guide :

1° *Simplifier le plus possible le mode de représentation qu'il est nécessaire d'employer, tant pour concrétiser les conceptions de l'ingénieur chargé de l'étude, que pour servir de liaison entre le bureau d'études et l'atelier;*

2° *Conduire les études dans un esprit, non seulement technique, mais en même temps, très commercial.*

Le dessinateur industriel doit être en possession des éléments nécessaires pour atteindre ce double but.

Il doit, en conséquence, posséder une instruction théorique suffisante et connaître :

1° Le dessin ;

2° La technologie ;

3° Les ressources du marché industriel ;

4° La capacité productive de l'atelier chargé de l'exécution du matériel qu'il étudie.

Le dessin, qui constitue l'art de la représentation graphique des machines, fait seul l'objet du présent ouvrage.

La technologie permettra au dessinateur l'adoption des dispositions pratiques les plus rationnelles.

La connaissance du marché industriel le mettra à même d'utiliser, dans la plus large mesure possible, le matériel construit en série, et, par suite, moins coûteux à acheter qu'à produire soi-même. De plus, ce matériel de série est souvent immédiatement disponible.

Quant à la capacité productive de l'atelier, elle interviendra fréquemment en imposant, par exemple, des dispositions particulières en vue de la possibilité d'emploi des machines-outils que possède l'atelier.

Une erreur de dessin peut certes comporter de graves conséquences, mais combien plus désastreuses sont, trop souvent, les conceptions mauvaises.

Telle disposition nécessitera, sans intérêt, des frais de modèles triples de telle autre, tout aussi avantageuse au point de vue mécanique, ou conduira à des difficultés d'exécution qu'il eût été aisé d'éviter.

En résumé, et nous insistons beaucoup sur ce fait, l'art du dessin ne représente qu'une partie du bagage du dessinateur qui doit, par ailleurs, se rompre à la pratique industrielle.

Nous concevons, par suite, difficilement, l'organisation actuellement trop fréquente des bureaux d'études, qui veut que le rôle de dessinateur soit confié à des jeunes gens frais émoulus des écoles, ou à des dessinateurs ayant fait toute leur carrière dans ces bureaux.

Combien plus féconde nous jugeons la disposition inverse : le bureau d'études, suite d'un long stage aux ateliers et aux montages extérieurs.

C'est, en terminant, la marche à suivre que nous croyons devoir conseiller à nos jeunes lecteurs quand ils débuteront dans l'industrie.

E. MAREC.

LA TECHNIQUE

DU

CROQUIS ET DU DESSIN INDUSTRIELS

BUT ET DIVISIONS DE L'OUVRAGE

1. But. — L'étude du croquis et du dessin, objet de cet ouvrage, a pour but la connaissance des procédés de représentation graphique du matériel industriel.

Ce problème de représentation plane comporte, comme tout problème industriel, deux points de vue, l'un technique et l'autre commercial.

Au point de vue technique, tout mode employé doit permettre :

1° *D'apprécier les proportions de l'appareil représenté ;*

2° *D'analyser les conditions de son fonctionnement ;*

3° *De vérifier les possibilités de son usinage et de son montage ;*

4° *D'assurer son exécution par un constructeur.*

Au point de vue commercial, il doit en outre :

5° *Être d'un prix de revient aussi faible que possible ;*

6° *Pouvoir être reproduit rigoureusement à plusieurs exemplaires par des procédés rapides et peu coûteux.*

Le dessin possède au plus haut degré ces qualités, il constitue donc en quelque sorte l'écriture industrielle, d'où deux choses à apprendre :

A dessiner ;

A lire les dessins.

Ce mode de représentation nous montre les objets en grandeur réelle, ou modifiés dans des proportions convenablement choisies, ce qui nécessite l'emploi d'instruments précis.

Comme conséquence de cette rigoureuse proportionnalité, les trois premières conditions énoncées plus haut se trouvent remplies. La quatrième exige que l'on ajoute à la représentation proprement dite les cotes et indications complémentaires que nous verrons plus loin être indispensables pour l'exécution matérielle dans les ateliers.

Quant à la reproduction des dessins, on l'obtient aisément par divers procédés photographiques ou chimiques.

Les croquis sont basés sur les mêmes conventions que les dessins, mais ils s'exécutent *entièrement à la main* ; aussi leurs proportions diffèrent-elles plus ou moins des proportions réelles des objets représentés, suivant la plus ou moins grande habileté du dessinateur. Ce ne sont donc que des ébauches de dessins.

Il en résulte que les trois premières conditions ne sont qu'imparfaitement remplies ; de plus on ne peut leur appliquer les procédés ordinaires de reproduction des dessins. Malgré cette infériorité, l'industrie fait un grand usage des croquis. Cela tient à ce qu'ils possèdent à un très haut degré les qualités suivantes :

Être d'exécution rapide ;

N'exiger qu'un outillage très réduit.

Ces qualités les rendent particulièrement précieux comme travail préliminaire, lorsqu'on a en vue la représentation d'un matériel existant.

En effet, pour faire un relevé de ce genre, on est conduit au démontage et à la manipulation incessante des organes que l'on veut représenter.

Il résulte du contact de ces organes l'impossibilité de conserver les mains propres, et, par suite, de se servir d'un matériel aussi délicat que celui nécessité par le dessin.

Enfin il serait très incommode, et souvent impossible, d'avoir à transporter chaque fois l'appareil à représenter au bureau de dessin ou, inversement, le matériel de dessin près de cet appareil.

Dans les cas analogues on relève donc sur place les croquis nécessaires, croquis à l'aide desquels se font ensuite, dans les bureaux, les dessins définitifs.

Il ne faut pas consacrer trop de temps à ce travail préliminaire, c'est pourquoi on se contente de l'exécuter au crayon. Quelquefois, cependant, pour augmenter la clarté des croquis, on se sert d'encres de couleur pour différencier la représentation proprement dite, des surcharges nécessaires.

Le croquis trouve encore son emploi pour étudier et mettre au point, avant de les dessiner, des détails de machines à construire, ou pour faire exécuter à l'atelier des pièces aux formes simples.

2. Divisions de l'ouvrage. — Après avoir indiqué, dans la première partie, sur quelles conventions se trouve basée la représentation du matériel industriel, la deuxième partie sera consacrée aux surcharges qu'il est nécessaire d'ajouter à cette représentation pour permettre l'usinage des pièces.

La troisième partie traitera de l'exécution des croquis et de leur reproduction.

La lecture des dessins fera l'objet de la quatrième partie.

REPRÉSENTATION DES OBJETS

CONVENTIONS ADOPTÉES

I. — Projections

3. Vues principales. — Le croquis et le dessin sont des applications de la théorie des projections.

La pièce à représenter est supposée dans l'espace à l'intérieur d'un cube dont les diverses faces servent de plans de projection.

Pour que cette pièce se projette *en vraie grandeur sur les faces du cube*, on la place, par la pensée, de telle sorte que son plan principal de symétrie, ou sa face principale, soit parallèle à la face arrière ABCD du cube (*fig. 1*).

Les projections se font toutes orthogonalement (¹).

La projection de la pièce sur la face ABCD du cube s'appelle, *par définition*, l'élévation.

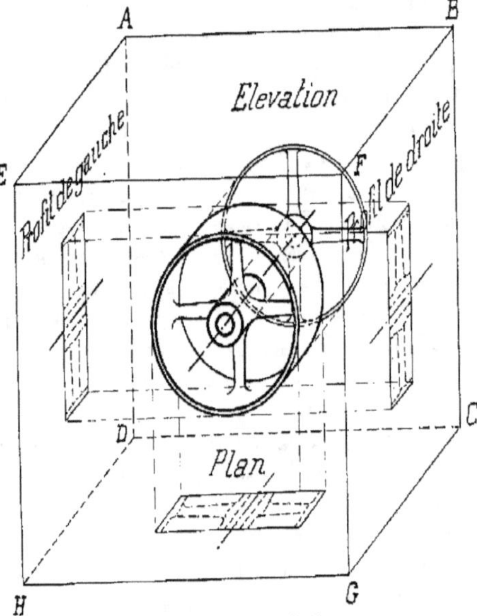

Fig. 1. — Cube de projection.

La projection sur le plan horizontal HDCG s'appelle *le plan*.

Les projections sur les plans BCGF et ADHE sont les profils ; *profil de droite* sur le plan BCGF, *profil de gauche* sur le plan ADHE (²).

___

(¹) Les lignes de projection, toutes parallèles entre elles, sont donc perpendiculaires au plan de projection.
(²) On remarquera que le profil de droite donne la vue du côté gauche de la pièce, et vice-versa.

Quant aux projections sur les autres faces du cube, elles ne portent pas de noms particuliers, étant peu employées ; on les désigne sous le nom de *rabattements* des projections principales : élévation, plan ou profils.

REMARQUE. — Il ne faut pas perdre de vue la différence qui existe entre les projections de l'objet, telles que nous venons de les définir, et celles obtenues en le regardant, l'œil étant placé comme sur la figure 2.

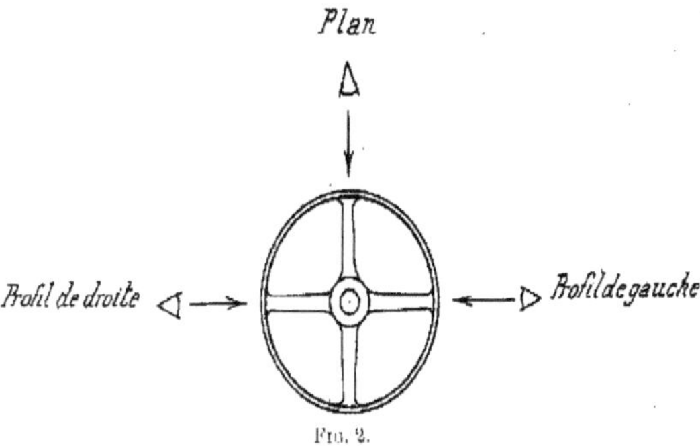

Fig. 2.

Les premières sont des projections *cylindriques* conservant à l'objet ses dimensions réelles, tandis que les dernières sont des projections *coniques* sans valeur industrielle.

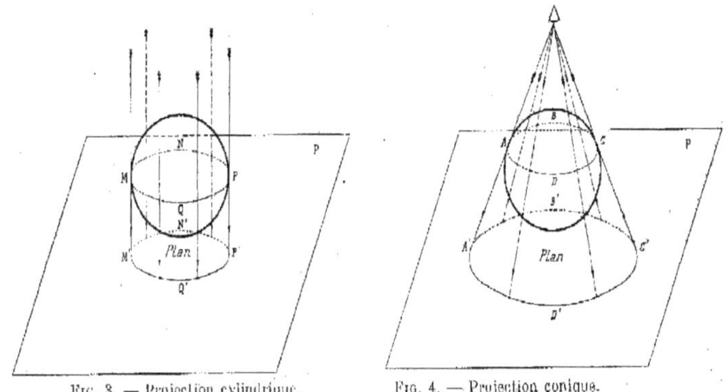

Fig. 3. — Projection cylindrique.   Fig. 4. — Projection conique.

Les figures 3 et 4 qui se rapportent à une sphère, ont été établies pour mettre ces différences en évidence.

Revenons à notre cube de projection.

En pratique il serait peu commode de conserver ce mode de représentation sur des plans perpendiculaires entre eux ; aussi a-t-on été conduit à le simplifier de la manière suivante :

On fait tourner, par la pensée, les faces BCGF et ADHE du cube, respectivement autour des arêtes BC et AD, jusqu'à les ramener dans le plan ABCD ; puis la base DCGH autour des arêtes BC et AD, jusqu'à les ramener dans le plan ABCD ; puis la base DCGH autour de DC, pour la ramener dans ce même plan, ce qui donne la figure 5.

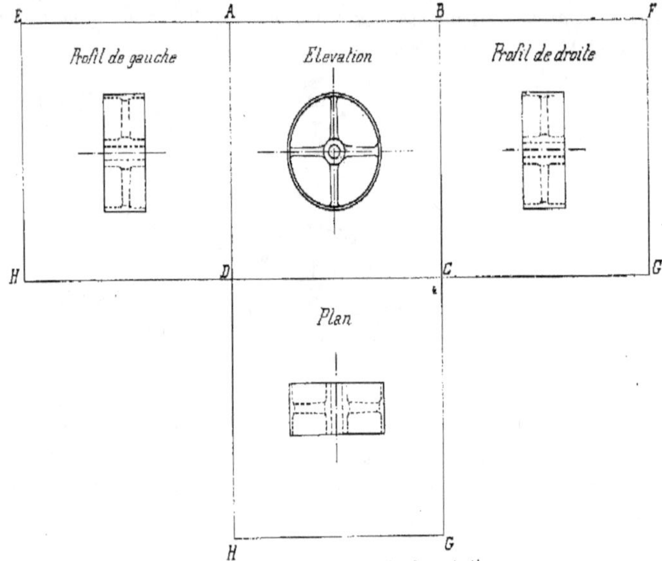

Fig. 5. — Développement du cube de projection.

De cette façon toutes les projections se trouvent rassemblées sur un seul plan qui, en pratique, est celui du papier sur lequel on dessine ([1]).

4. Agrandissements et réductions. — Lorsqu'on désire représenter la pièce, non en grandeur réelle, mais modifiée dans certaines proportions, ce sont ces diverses projections qu'on agrandit ou diminue dans les proportions voulues.

5. Vues pratiquement nécessaires. Quand les organes à dessiner sont très simples, on peut souvent se contenter d'en faire deux projections ; mais, dans la plupart des cas, trois, et même quatre projections, sont nécessaires, sans compter les vues complémentaires de détail dont on ne peut bien souvent pas se passer.

L'ordre *conventionnel* d'importance des vues est le suivant :

Élévation ou vue de face ;

([1]) Il faut bien se pénétrer de ce fait que le papier sur lequel on dessine étant le plan de l'élévation, c'est-à-dire la face arrière du cube, est un plan de projection vertical, qui n'est ramené horizontal que pour la commodité du dessinateur. Ce plan se retrouve vertical quand le dessinateur fait usage d'une planche à dessiner verticale et travaille, par suite, debout.

Plan et profils ;
Rabattements divers ;
Vues de détails.

On s'y conformera en plaçant la pièce dans l'espace de sorte que l'élévation soit précisément la projection qui la caractérise le mieux.

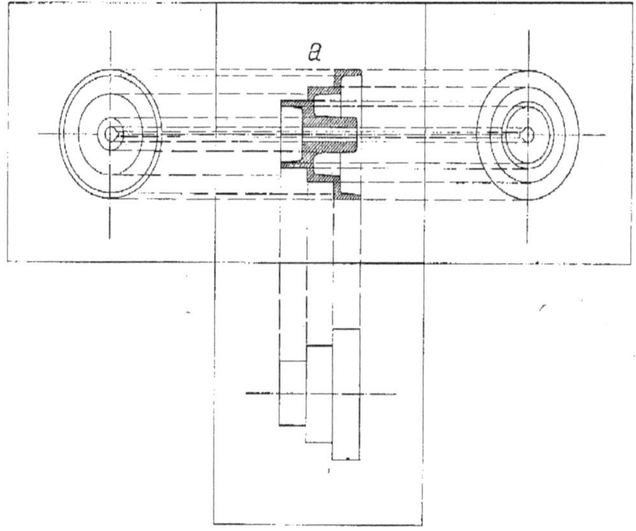

Fig. 6.

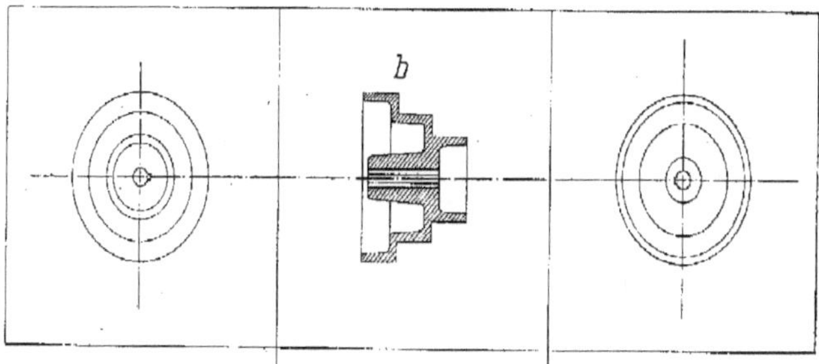

Fig. 7.

Pour les profils, l'habitude est, quand un seul suffit, de faire plutôt celui de droite. On s'arrangera pour que ce profil soit justement le plus intéressant. A titre d'exemple, considérons le cône de la figure 6.

Si on désire que le profil de droite représente l'apparence extérieure de ce cône, on le placera dans l'espace de manière à obtenir la projection *a*.

Si, au contraire, c'est la vue de l'évidement intérieur qui intéresse, il suffit de faire exécuter au cône une rotation de 180° sur lui-même, ce qui intervertit la disposition des profils et donne les vues *b* (*fig.* 7).

Pratiquement, dès qu'on possède un peu d'expérience, on se débarrasse du cube et de son développement, pour ne conserver que les vues de la pièce.

La représentation reste identiquement la même, mais les lignes inutiles EF, FG, BG, etc. (*fig.* 5) disparaissent.

Notons enfin, comme conséquence des conventions précédentes, l'égalité qui doit exister entre certaines dimensions de vues différentes.

Ce fait est nettement mis en évidence (*fig.* 6) par le tracé des lignes de rappel. On doit l'avoir constamment présent à l'esprit pendant qu'on dessine, car, partant d'une première vue terminée, il facilite beaucoup l'exécution des suivantes et évite des erreurs.

II. — Échelles

6. Leur nécessité. — Il est souvent impossible de dessiner certaines pièces en grandeur réelle, soit que ces pièces, trop petites, donnent des dessins illisibles, soit, plus souvent encore que, trop grandes, elles conduisent à des dessins de dimensions exagérées ou à des impossibilités de tracé pratique.

Pour ramener, dans ce cas, la représentation à des dimensions convenables, on convient d'augmenter ou de diminuer, *dans les mêmes proportions*, toutes les dimensions de l'objet.

L'échelle caractérise précisément ces augmentations ou diminutions, sa valeur étant celle *du rapport existant entre les dimensions du dessin et celles de l'objet.*

$$\text{Échelle} = \frac{\text{dimensions dessin}}{\text{dimensions objet}}.$$

7. Choix de l'échelle. — Le choix de l'échelle doit être judicieusement fait en fonction de la grandeur de l'objet et, plus encore, de sa complication, en vue d'obtenir un dessin bien lisible.

Là aussi la pratique joue un grand rôle, et l'on doit s'habituer à apprécier rapidement quelle échelle il convient, dans chaque cas, d'adopter.

8. Échelles industrielles. — Pour simplifier les calculs numériques, il est à conseiller de ne faire usage que des échelles métriques suivantes :

$$\frac{10}{1},\ \frac{5}{1},\ \frac{2}{1},\ \frac{1}{1},\ \frac{1}{2},\ \frac{1}{5},\ \frac{1}{10},\ \frac{1}{20},\ \frac{1}{50},\ \frac{1}{100}$$

ou grandeur nature

Les vues de détail se font généralement grandeur nature, ou à l'échelle $\frac{1}{2}$.

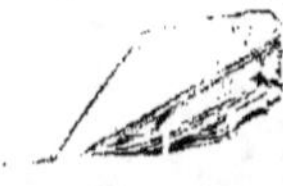

Les ensembles se dessinent à échelle d'autant plus réduite que les pièces sont plus grandes et moins compliquées.

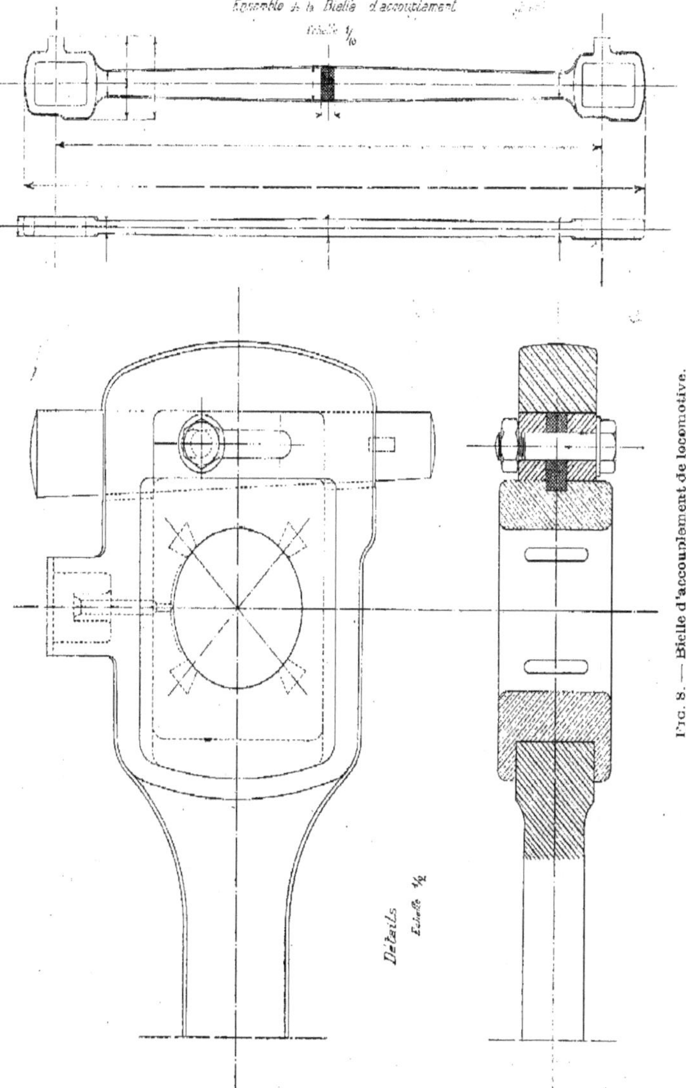

Fig. 8. — Bielle d'accouplement de locomotive.

Prenons à titre d'exemple une bielle de locomotive (*fig.* 8).

La vue d'ensemble est dessinée au $\frac{1}{10}$; quant aux détails, ils ont été exécutés à l'échelle $\frac{1}{2}$ ([1]).

REMARQUE. — Il est bon de s'habituer à effectuer rapidement, de tête, les opérations relatives à l'échelle adoptée.

Ces opérations sont aisées pour les échelles $\frac{2}{1}, \frac{1}{2}, \frac{1}{10}, \frac{1}{20}, \frac{1}{100}$.

Pour les échelles $\frac{1}{5}, \frac{1}{50}$, elles se font facilement aussi en remarquant que :

Diviser par 5 équivaut à multiplier par 2 et diviser par 10.

$$43 \text{ à l'échelle } \frac{1}{5} \text{ s'écrira :}$$

$$86 \ldots\ldots\ldots\ldots\ldots\ldots \quad \textbf{8,6.}$$

Diviser par 50 équivaut à multiplier par 2 et diviser par 100.

$$527 \text{ à l'échelle } \frac{1}{50} \text{ donnera}$$

$$1054 \ldots\ldots\ldots\ldots\ldots\ldots \quad \textbf{10,54.}$$

III. — Coupes et rabattements

9. Leur intérêt. — La notion de coupe est certainement la plus importante de toutes celles relatives au dessin; il convient donc d'y apporter une sérieuse attention.

On y est conduit par l'examen des résultats obtenus à l'aide des simples projections des pièces, telles que nous les avons définies plus haut.

Prenons, par exemple, une vanne d'arrêt, et projetons-la en élévation et en profil comme il a été dit (§ 3) ; nous obtenons la figure 9.

Nous voyons tout de suite qu'aucun détail intérieur n'apparaît et, cependant, ces détails sont indispensables, tant pour l'étude du fonctionnement que pour l'exécution de la vanne.

Nous pouvons essayer d'obtenir ces détails en convenant, par exemple, de représenter les parties cachées des pièces à l'aide, non plus de traits continus, mais de traits pointillés.

L'application de cette convention conduit à la figure 10.

Le seul aspect de cette figure montre la médiocrité des résultats obtenus ; les traits pointillés se superposent, la complication augmente beaucoup, le mode de construction se lit fort peu.

Les coupes ont été imaginées pour remédier à ces inconvénients.

([1]) Le tout a ensuite été réduit pour pouvoir entrer dans le cadre de l'ouvrage.

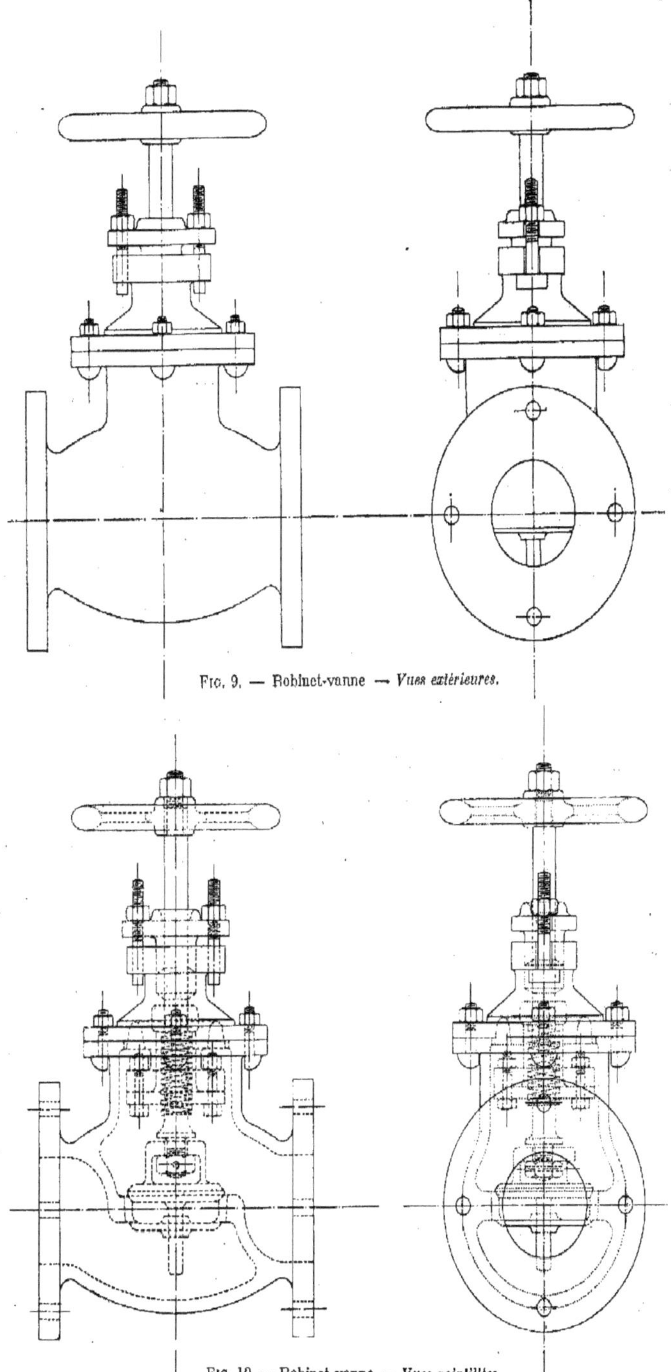

Fig. 9. — Robinet-vanne — *Vues extérieures.*

Fig. 10. — Robinet-vanne. — *Vues pointillées.*

10. Comment on les obtient. — Revenons au cube de projection et séparons en deux parties, par la pensée, la vanne qui y est placée, à l'aide d'un plan P parallèle à celui de l'élévation et passant par l'axe de cette vanne (*fig.* 11).

Ceci fait, enlevons la partie antérieure à ce plan ; il ne reste devant nous que la partie postérieure de la vanne que nous convenons de projeter et d'appeler *coupe*.

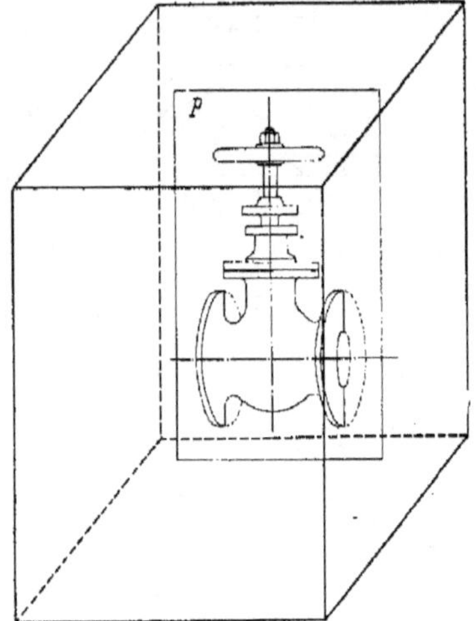

Fig. 11. — Coupe en élévation.

Complétons cette convention en convenant de recouvrir les parties sectionnées par des hachures constituées par des lignes parallèles, inclinées à 45° ; nous obtenons la figure 12.

Faisons de même pour le profil en sectionnant cette fois la vanne, non plus suivant un plan parallèle à celui de l'élévation, mais suivant un plan passant par l'axe de cette vanne et parallèle à celui du profil ; nous aurons la figure 13.

Les conséquences de cette manière de faire apparaissent immédiatement ; le mécanisme se trouve directement mis sous les yeux, les parties pleines se détachent nettement des parties creuses et le dessin possède une grande clarté.

De plus, une simple convention relative aux hachures permet, comme nous le verrons plus loin, de différencier aisément les différents métaux entrant dans la construction ([1]).

Les organes de machines possédant presque toujours des axes, ou des plans de symétrie, autour desquels se trouvent précisément les détails qu'il convient de bien mettre en lumière, on conçoit l'immense parti que le dessinateur parvient à tirer des coupes.

Une conséquence immédiate des conventions établies est qu'on doit représenter dans une coupe, *non seulement la section proprement dite de la pièce, mais tous les traits provenant de la partie de cette pièce que l'on a conservée.*

Pour mieux nous faire comprendre, nous avons représenté (*fig.* 14) un cylindre coupé suivant son axe.

Si on ne représentait, à proprement parler, que la coupe, on aurait la figure 14, tandis qu'en se conformant aux conventions adoptées plus haut, on obtient la figure 15.

([1]) Voir page 28.

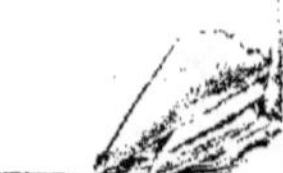

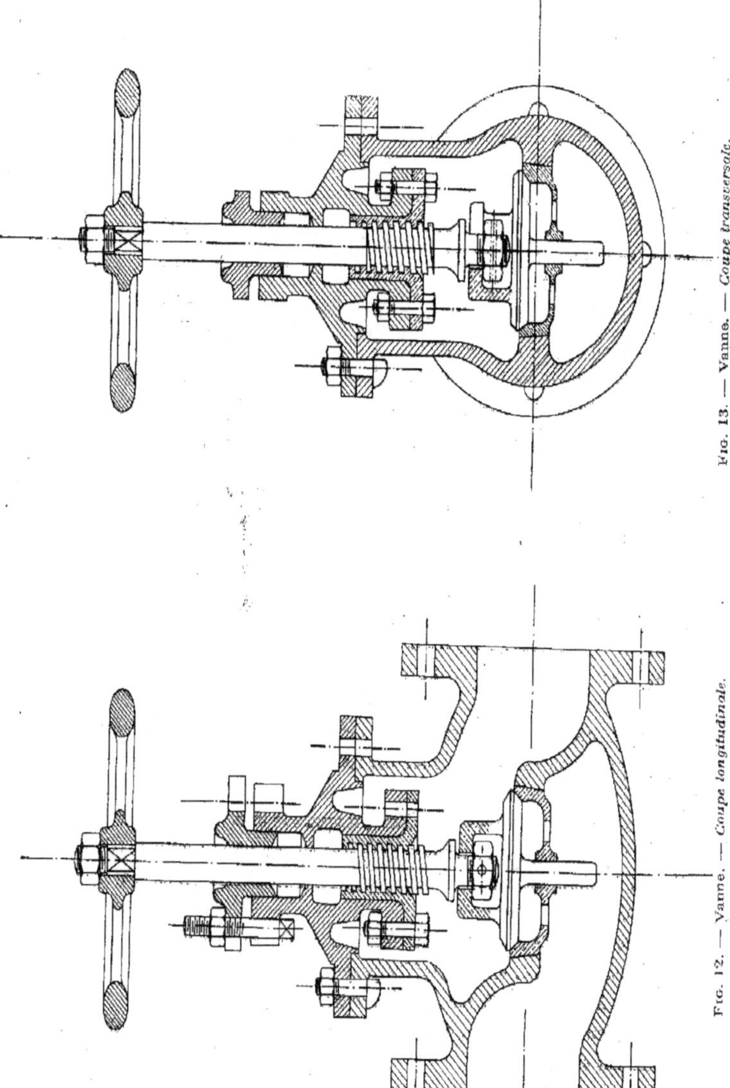

Fig. 13. — Vanne. — *Coupe transversale.*

Fig. 12. — Vanne. — *Coupe longitudinale.*

Ces deux figures diffèrent entre elles par les traits AB et CD, traits dus précisément à ce fait que la coupe complète comprend, en plus de la section proprement dite, *la projection des faces limitant le demi-cylindre.* Ce sont ces faces, dont les plans sont perpendiculaires au plan de projection, qui s'y projettent suivant les côtés du rectangle.

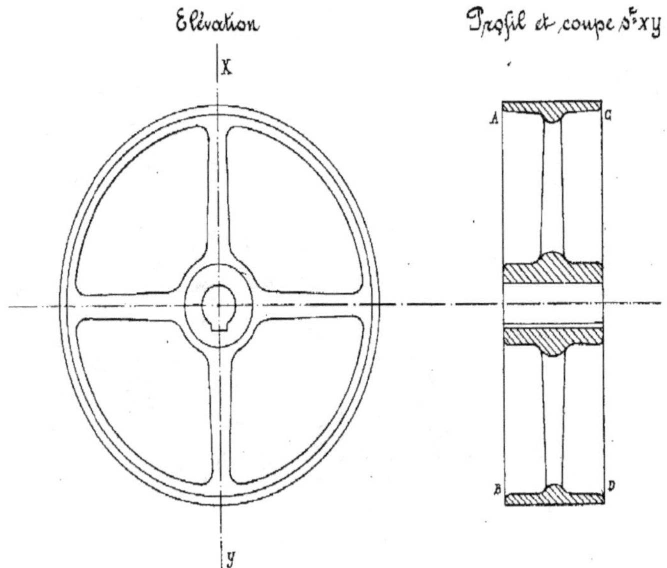

Fig. 15.

Fig. 14.

Le même raisonnement appliqué à la figure 16, qui représente un volant en élévation et en profil et coupe, exige le tracé des lignes AB et CD, lignes que l'on est souvent tenté d'oublier au début des études de dessin.

Fig 16. — Volant. — *Élévation et coupe en profil.*

Quand on désire représenter sur une coupe, pour éviter d'avoir à faire une autre vue, une partie située en avant de cette coupe, on trace cette partie en traits mixtes noirs, ou en traits continus rouges.

11. Coupes partielles. — Dans certains cas il est inutile, ou peu avantageux, de couper totalement les pièces.

Considérons, par exemple, la figure 17, qui représente une poignée de manœuvre.

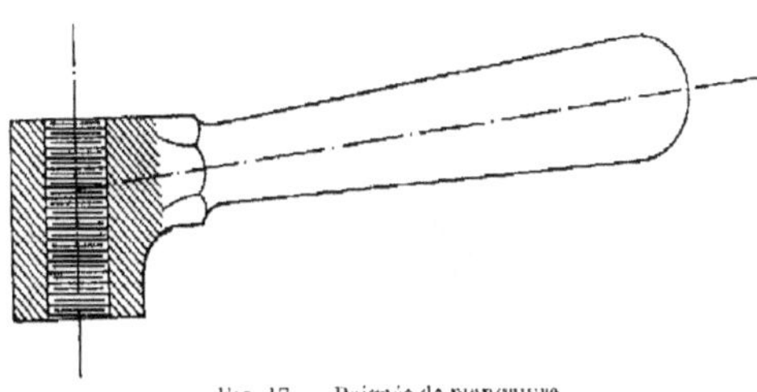

Fig. 17. — Poignée de manœuvre.

La coupe de la partie cylindrique de cette pièce est intéressante pour montrer le filetage. Par contre, on n'aurait rien gagné à couper la poignée proprement dite ; on y eût au contraire perdu, car la partie six pans, placée immédiatement après la coupe, n'eût pas été représentée et le tracé des hachures eût exigé un temps supplémentaire non négligeable.

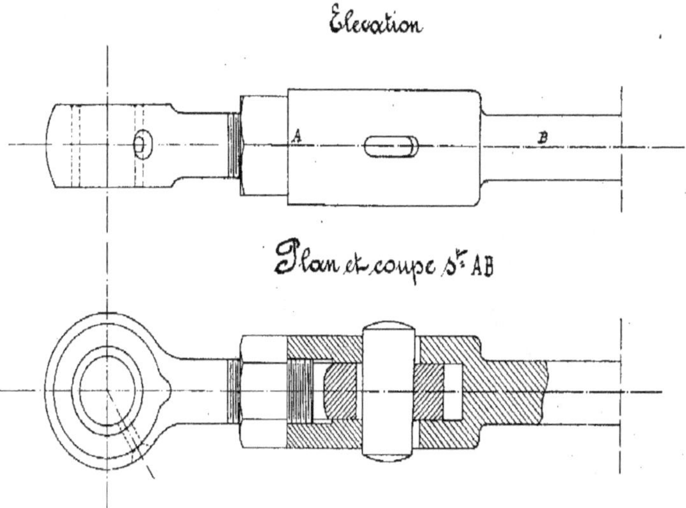

Fig. 18. — Tête d'articulation de barre d'excentrique.

L'habitude est, lorsqu'on fait des coupes partielles, d'arrêter les hachures sur une même ligne que l'on ne trace pas. Certains dessinateurs, cependant, les limitent à une ligne brisée quelconque représentant la cassure où s'arrête la coupe (*fig.* 18).

12. Coupes brisées. — Il arrive quelquefois qu'une coupe partielle peut avantageusement se continuer par une autre coupe partielle faite à l'aide d'un deuxième plan de coupe parallèle au premier.

Prenons le cas de la figure 19.

Ce dessin représente la vue extérieure, en élévation, d'une poupée mobile de tour.

Un profil avec coupe suivant l'axe AB est nécessaire pour indiquer le dispositif de blocage du cylindre porte-pointe ; mais, dès que cette coupe pénètre dans la partie pleine du bâti, elle ne présente plus d'intérêt.

Par contre, la coupe suivant CD est intéressante pour préciser la forme de la section du bâti en son milieu.

En superposant ces deux coupes sur un même profil, nous obtenons la figure 20, appelée *coupe brisée*.

Pour éviter toute erreur de lecture, il importe d'indiquer sur ce profil comment il a été obtenu, c'est pourquoi nous lui donnons comme titre : « *Profil et coupe suivant AB, CD.* »

Un autre genre de coupe brisée, un peu différent de celui que nous venons d'envisager, est fourni par la figure 21.

Si la coupe en élévation était faite suivant l'axe AB, on n'aurait aucun détail de la vis de serrage V et, de plus, on serait obligé de représenter cette vis en projection

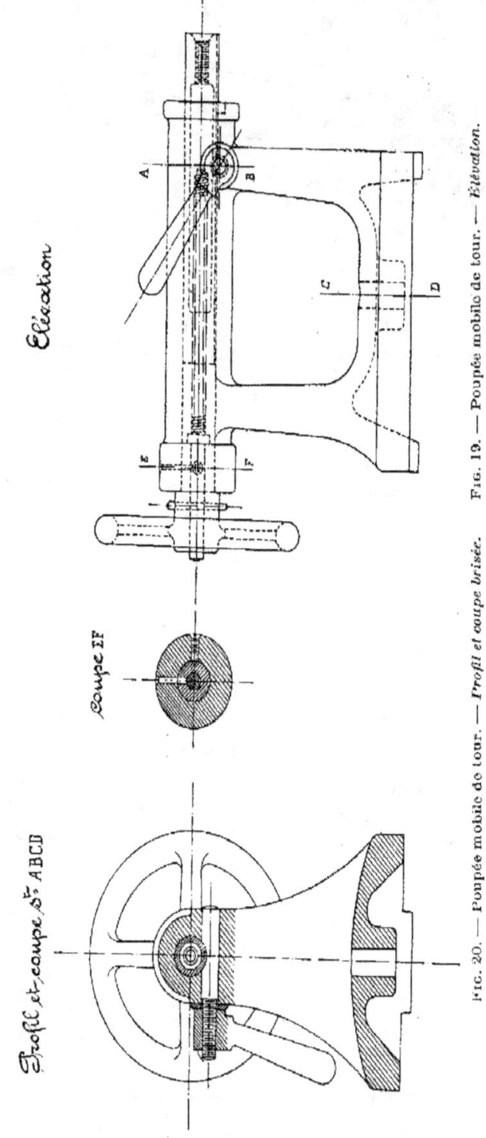

FIG. 19. — Poupée mobile de tour. — *Élévation.*

FIG. 20. — Poupée mobile de tour. — *Profil et coupe brisée.*

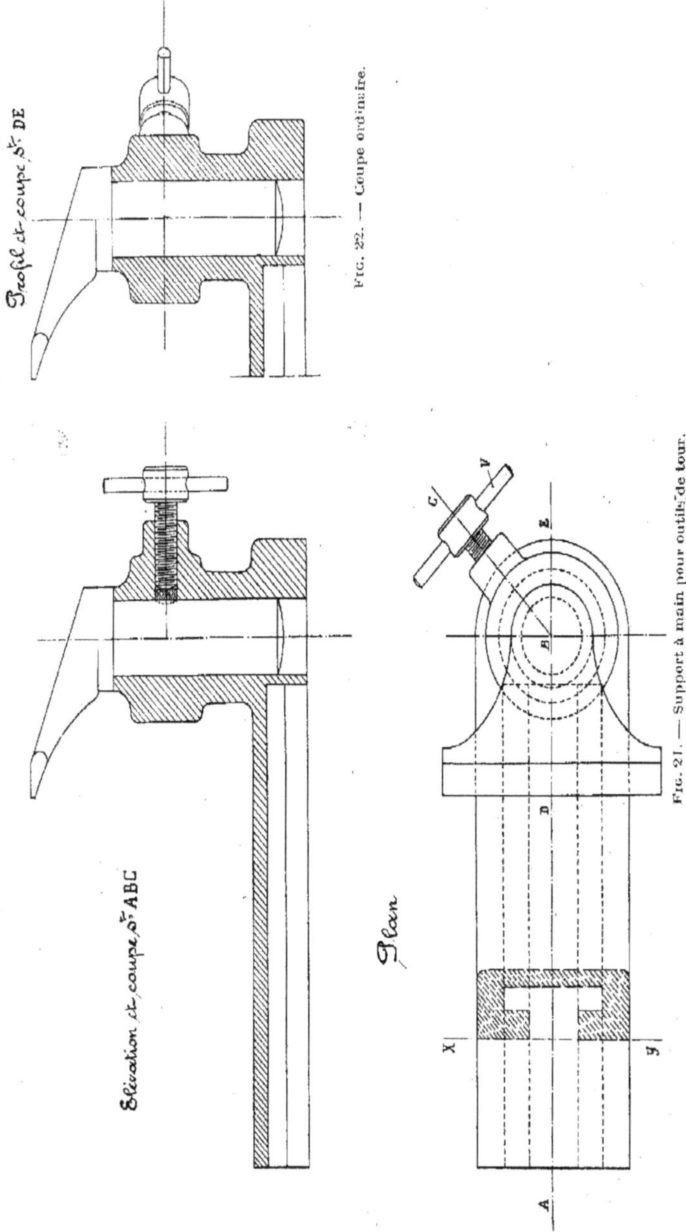

FIG. 22. — Coupe ordinaire.

FIG. 21. — Support à main pour outils de tour.

oblique (*fig.* 22), ce qui nécessiterait du temps et n'aurait aucune valeur industrielle. Pour obvier à ces inconvénients on convient, dans les cas analogues, de faire tourner par la pensée l'axe BC autour du point B jusqu'à le faire coïncider avec l'axe AB ; la coupe faite alors suivant l'axe AB donnera ce qu'indique l'élévation de la figure 21 ; mais, là encore, il sera nécessaire de bien préciser : « *Elévation et coupe suivant ABC.* »

D'une façon générale d'ailleurs, on doit toujours indiquer, pour les coupes, quel a été le plan de coupe choisi.

Ce plan étant parallèle à celui de la projection considérée, c'est sur une des autres vues qu'il faudra chercher sa trace et placer les lettres repère, ainsi que nous l'avons déjà remarqué dans les exemples ci-dessus.

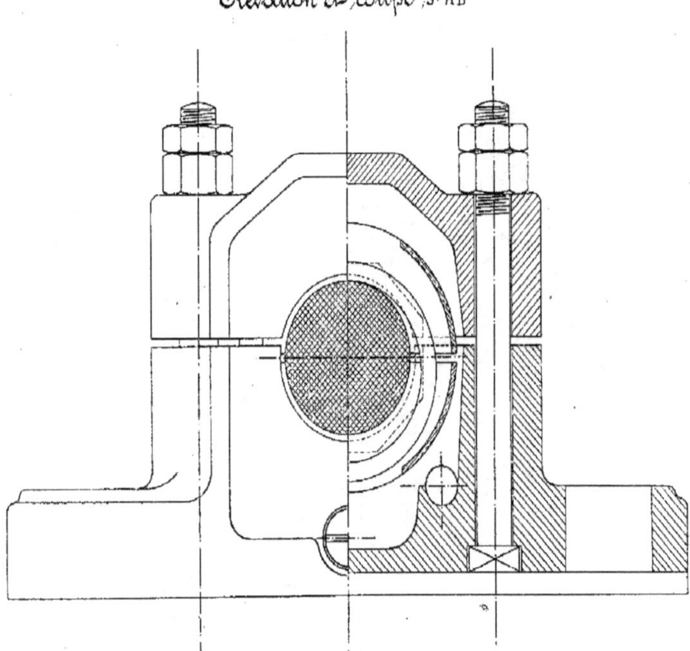

Fᵢ₉. 23. — *Palier à bague.* — *Demi-élévation et demi-coupe.*

13. Demi-coupes. — On peut profiter de la symétrie que présentent certaines pièces pour réunir dans une seule projection les avantages de la vue extérieure et de la coupe (*fig.* 23).

Il ne faut toutefois pas abuser de cette disposition, qui conduit souvent à de la confusion.

14. Coupes rabattues.

A l'aide des projections principales et de coupes convenablement faites, on arrive, dans presque tous les cas, à représenter les organes de machines, mais bien souvent une ou deux vues peuvent suffire grâce à la notion de coupe rabattue.

Ces coupes rabattues sont des coupes faites dans les pièces par des plans, *non plus parallèles aux plans de projection, mais perpendiculaires à ces plans.*

Dans ces conditions il est facile de concevoir que toute coupe ainsi faite se projette suivant la droite qui représente, sur le dessin, la trace du plan de coupe. Pour rendre cette coupe visible, il faut donc la faire tourner ensuite autour de son axe, ou de l'un de ses côtés, de manière à la ramener dans le plan du dessin.

Considérons par exemple la figure 24, représentant une fourche.

Les coupes faites dans cette vue par des plans perpendiculaires à celui du papier, et passant par les axes AB et CD, auront comme projections ces droites AB et CD. Mais faisons tourner, par la pensée, ces coupes autour de leurs axes de symétrie respectifs AB et CD jusqu'à les ramener dans le plan du papier, nous obtiendrons ce qu'on est convenu d'appeler des coupes rabattues.

Pour les distinguer du dessin proprement dit, on les trace en rouge ou en éléments noirs, ce dernier pro-

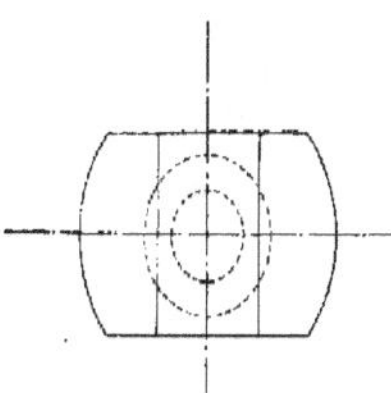

Fig. 24. — Fourche.

cédé pouvant seul être employé dans les cas où l'on désire obtenir des reproductions photographiques ([1]).

L'économie

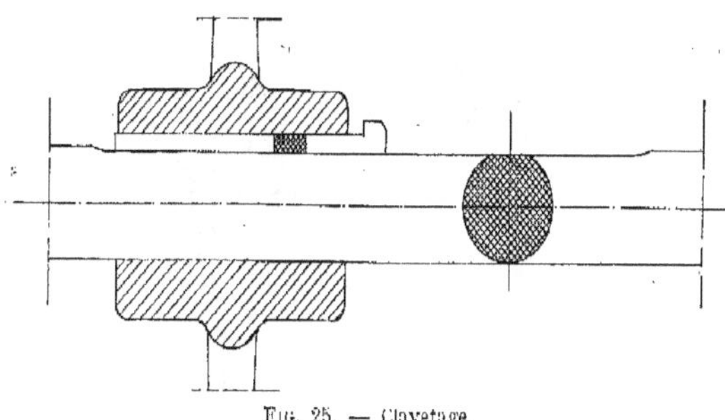

Fig. 25. — Clavetage.

de vues, et par suite de temps, résultant de cette convention, apparaît immédiatement.

([1]) Voir reproduction des dessins, page 103.

Dans le cas de la figure 24, par exemple, le plan devient sans intérêt ; dans celui de la figure 21, qui représente un support à main d'outil de tour, la coupe rabattue, faite en plan, permet d'éviter un profil.

Ces coupes s'utilisent en particulier pour les arbres, clavettes, etc. (*fig. 25*).

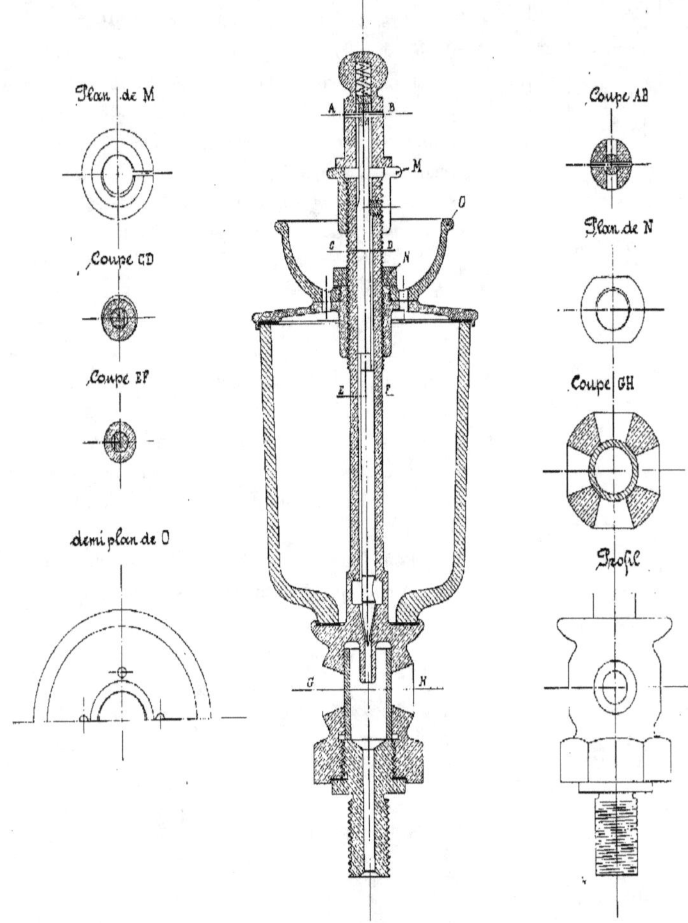

Fig. 26. — Graisseur Hamelle à pointeau.

Quand la coupe rabattue ne possède pas d'axe de symétrie, on la fait tourner autour d'une de ses arêtes principales, l'arête *xy*, par exemple, dans le cas de la figure 21.

Il ne faut cependant pas abuser des coupes rabattues qui constituent une surcharge du dessin pouvant, par son exagération, nuire à sa clarté, qualité primordiale à lui conserver.

15. Coupes sorties. — Elles s'obtiennent en transportant au dehors du dessin les coupes rabattues (*fig.* 26).

Leur intérêt est d'éviter la complication du dessin, mais l'isolement de ces coupes accroît encore la nécessité d'indications précises concernant leur provenance, si l'on veut éviter toute erreur de lecture.

On doit, quand faire se peut, placer ces coupes sur le prolongement extérieur de leurs axes de rabattement.

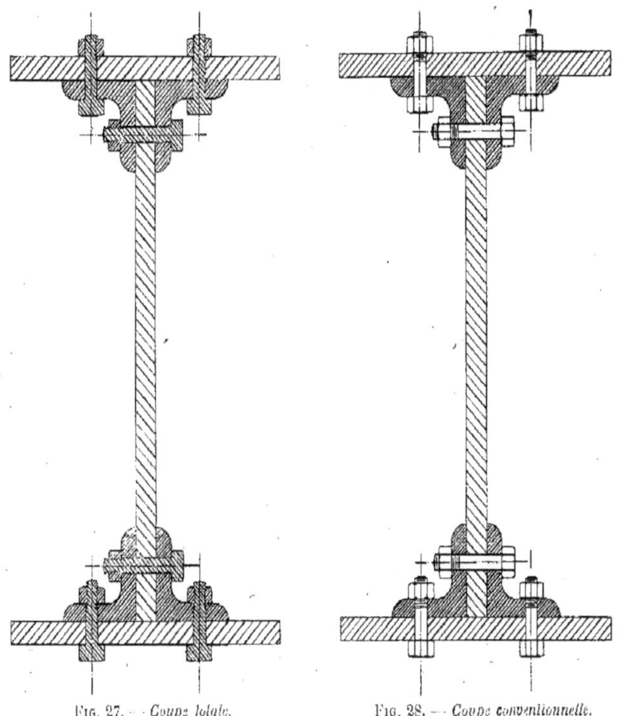

Fig. 27. — Coupe totale.   Fig. 28. — Coupe conventionnelle.

16. Ce qu'il ne faut pas couper. — La pratique a conduit à introduire certaines restrictions aux principes généraux des coupes, que nous venons d'établir.

Comme nous l'avons dit, le but des coupes est de mettre directement à nu les mécanismes et formes intérieures des organes à représenter. Quand les plans de coupe, après avoir sectionné successivement les parties cachant les pièces centrales, arrivent à ces dernières, il n'y a aucun intérêt à les couper, si leurs formes sont apparentes ou bien connues.

On convient donc de ne pas couper :

1° *Les pièces ne comportant pas d'évidements ;*

2° *Les petits organes courants en mécanique, tels que boulons, rivets, vis, arbres, clavettes, goupilles, écrous, rondelles, etc.*

Les figures 27 et 28 ont été faites pour mettre en relief les avantages résultant de cette convention.

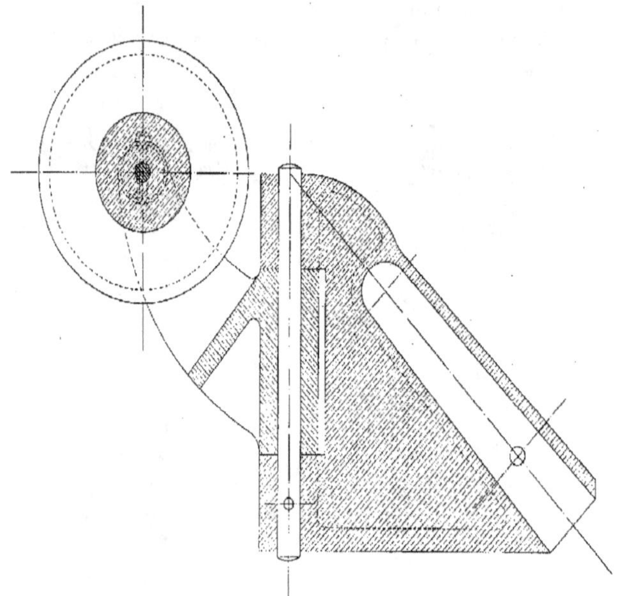

Fig. 29. — Roulette de prise de courant. — *Coupe totale.*

Elles représentent le même assemblage de fers dans lequel (*fig.* 27), la coupe a été totale, tandis que (*fig.* 28), on n'a pas coupé les boulons et leurs écrous.

Il en résulte :

1° Un gain de temps ;

2° Une meilleure lisibilité et un relief plus accentué du dessin.

Enfin, une troisième exception se rapporte au cas des cloisons ou pièces de faible épaisseur coupées parallèlement à leurs faces, exception comprenant comme cas particulier fréquent, celui des nervures.

On a cherché par cette dernière convention :

1° *A éviter d'avoir à couvrir de hachures de grandes surfaces pour ne pas exagérer, en apparence, leur importance réelle et gagner du temps ;*

2° A mettre plus nettement en évidence les formes des parties constitutives des pièces, réunies par ces cloisons.

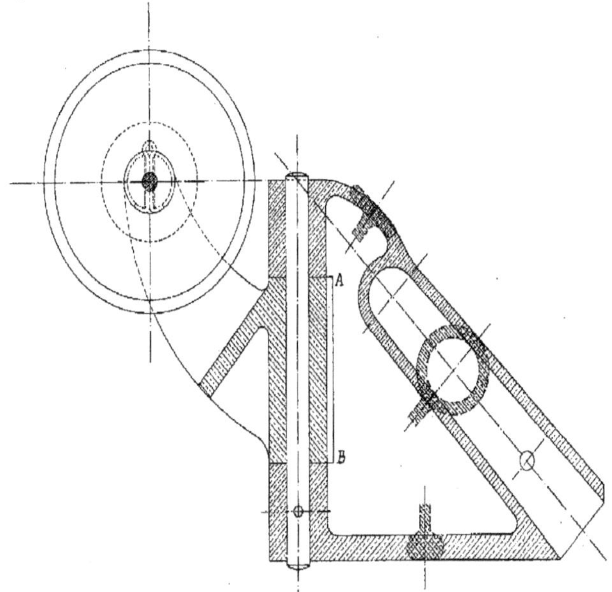

FIG. 30. — Roulette de prise de courant. — *Coupe conventionnelle.*

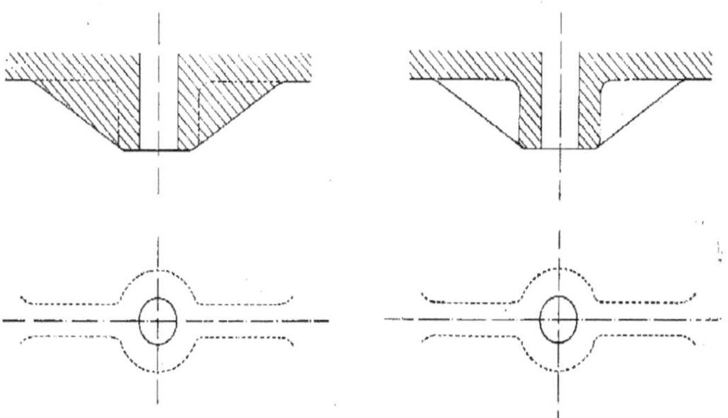

FIG. 31. — Bossage. — *Coupe totale.*   FIG. 32. — Bossage. — *Coupe conventionnelle.*

Les figures 29 et 30 illustrent cette manière de faire : figure 29, la cloison a été coupée ; figure 30, elle ne l'a pas été.

La figure 30 est obtenue comme suit :

Couper la pièce, *la cloison étant supposée enlevée.*

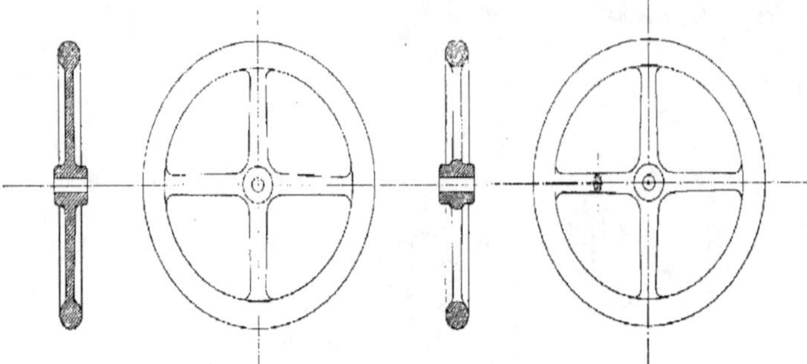

Fig. 33. — Volant. — *Coupe totale.*   Fig. 34. — Volant. — *Coupe conventionnelle.*

Élévation et coupe s^t AB

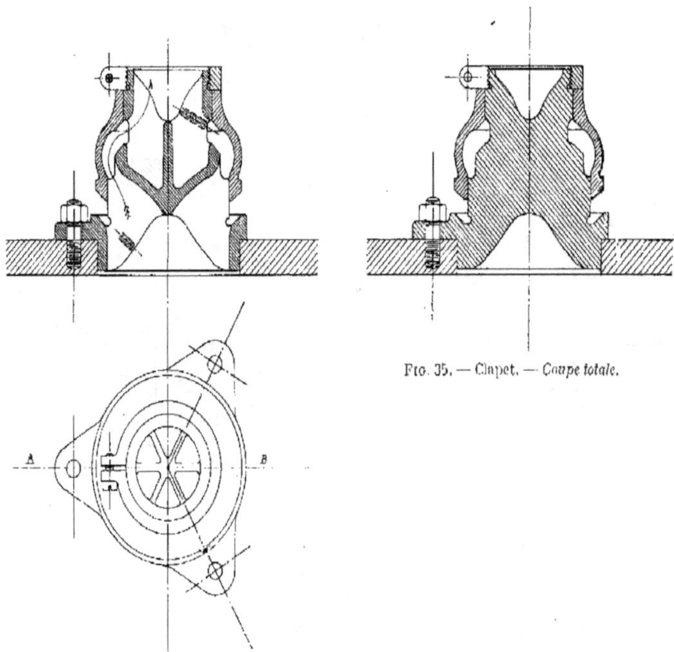

Fig. 35. — Clapet. — *Coupe totale.*

Fig. 36. — Clapet. — *Coupe conventionnelle.*

Tracer ensuite les traits tels que AB, nécessaires pour compléter le contour apparent de cette cloison.

Les figures 31 et 32 sont relatives aux nervures : nervures coupées, figure 31, et non coupées, comme il convient de le faire, figure 32.

On assimile aux cloisons les bras et croisillons rencontrés fréquemment, notamment dans la construction des poulies et volants.

Les coupes de ces poulies et volants se font en évitant de couper leurs bras et croisillons dont, par convention, *les contours apparents restent cependant les mêmes que si les plans de coupe passaient par le milieu de leur épaisseur.*

Ces cas sont traités figures 33, 34, 35 et 36.

Les figures 33 et 34 représentent le même volant.

Figure 33 la coupe a été totale, tandis que, figure 34, la convention a été respectée.

On voit que le contour apparent des bras est resté le même, mais qu'il ne reste, figure 34, que les sections totales de la jante et du moyeu. La coupe totale donne l'impression d'un volant plein, d'où erreur possible de lecture, ce qu'on a voulu éviter.

Les figures 35 et 36 sont relatives à un clapet de pompe : coupe totale du clapet, figure 35 ; coupe conventionnelle, figure 36. Le seul aspect de cette figure 36 met bien en évidence la plus grande clarté obtenue par l'introduction de cette convention complémentaire dans l'exécution des coupes.

17. Rabattements. — Quand il ne manque que très peu de chose à une vue pour déterminer complètement une pièce, on peut quelquefois se contenter de cette vue en la complétant à l'aide d'un *rabattement*. C'est notamment le cas des brides dont la figure 37 est un exemple.

Ces rabattements s'obtiennent comme les coupes rabattues, et se tracent, comme elles, en éléments noirs ou en traits rouges.

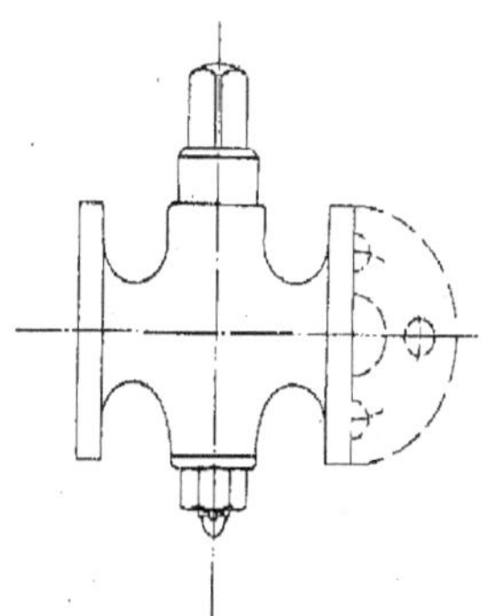

Fig. 37. — Robinet à boisseau.

18. Pointillés. — Comme nous l'avons dit (§ 9), les traits pointillés employés seuls pour représenter les parties cachées n'ont pas la valeur des coupes.

Il existe cependant de nombreux cas où leur emploi est tout indiqué, qu'il y ait ou non, coupe. En pratique on rencontre peu de dessins où il n'en soit pas fait un usage modéré.

La règle que nous conseillons de suivre est la suivante :

Ne tracer en pointillé que les contours non déterminés, ou insuffisamment précisés par les traits continus des vues extérieures et des coupes.

Autrement dit, il faut éviter, contrairement à une tendance des débutants, toute ligne pointillée surabondante, qui ne fait que surcharger le tracé.

Sur la figure 38, par exemple, le pointillé est peu utile, tandis que sur la figure 39, en plan, il est nécessaire.

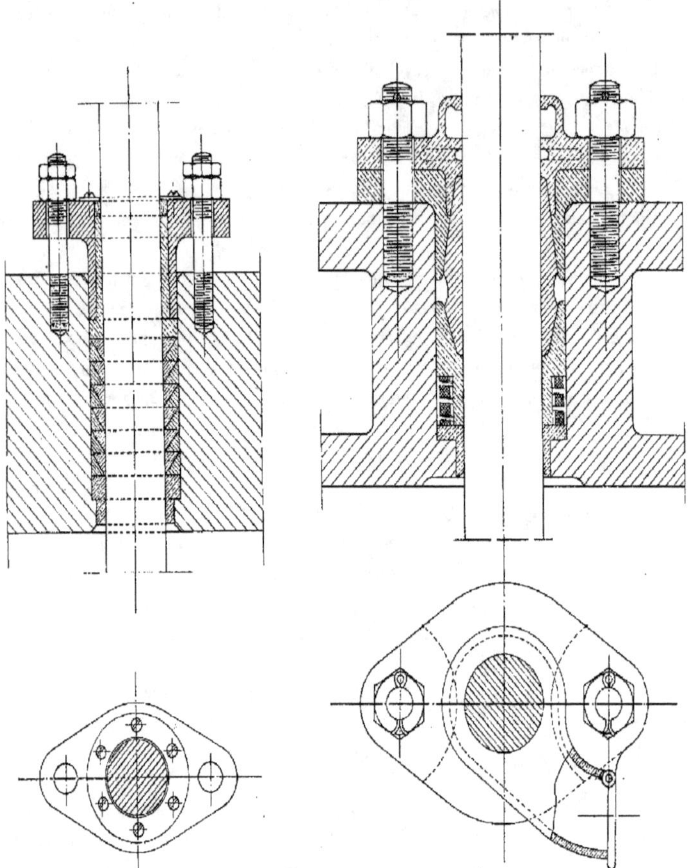

Fig. 38. — Presse-étoupe à garniture métallique.   Fig. 39. — Presse-étoupe de locomotive.

IV. — Traits divers

19. Cas du dessin. — L'exécution des projections et coupes exige que nous puissions représenter :

1° *Des lignes vues ;*

2° *Des lignes cachées ;*

3° *Des axes ;*

4° *Des hachures.*

Les lignes vues sont les projections des contours apparents de l'objet dessiné.

Les lignes cachées correspondent aux projections des contours que l'œil n'aperçoit pas, mais que le dessinateur désire faire figurer sur son travail.

Quant aux axes, ce sont les projections des divers axes de symétrie de la pièce.

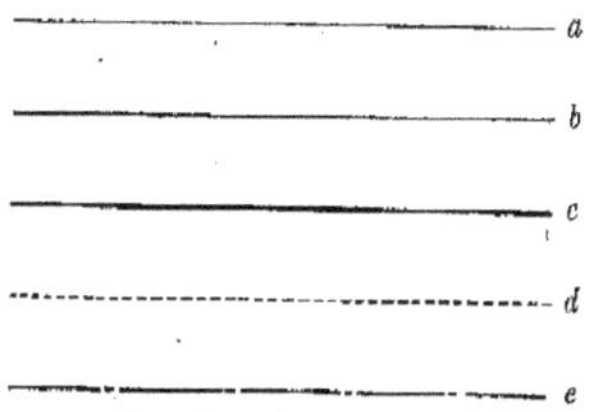

Il importe, pour la clarté du tracé, que ces diverses lignes soient nettement différentes d'aspect. Pour atteindre ce résultat, on a adopté les conventions indiquées par la figure 40, qui se rapportent au cas le plus général de dessins entièrement exécutés au crayon ou à l'encre noire.

Fig. 40. — Traits de dessin.

Les lignes vues se font en traits moyens (*fig.* 40 *b*) ;

Les lignes cachées, en traits élémentaires moyens (*fig.* 40 *d*) ;

Les axes, en traits mixtes moyens (*fig.* 40 *e*).

Industriellement, le trait moyen s'emploie de préférence au trait fin (*fig.* 40 *a*), parce qu'il donne plus de relief à l'ensemble et rend mieux au tirage photographique.

Quant au trait fort (*fig.* 40 *c*), il alourdit le dessin et sèche trop lentement ; on l'emploie pour les ombres [1].

Le trait élémentaire a remplacé le véritable pointillé dans les dessins industriels, ce dernier étant d'exécution très longue et difficile et, pour ces raisons, rarement bien exécuté.

Quand on n'a pas en vue la reproduction du dessin, on peut différencier le dessin proprement dit, des axes, par l'emploi, pour ces derniers, d'encres de couleur.

L'emploi exclusif du trait de crayon est aujourd'hui très en faveur dans les études industrielles. Il permet de réduire considérablement la durée d'exécution des dessins et, par suite, leur prix de revient.

20. Cas du croquis. — Les différents traits employés sont les mêmes, mais le trait de crayon est seul employé.

Ce trait de crayon doit être, lui aussi, un trait moyen bien accentué.

V. — Hachures

21. Comment on les trace. — Nous avons dit, lors de l'étude des coupes, que les parties sectionnées se couvraient de hachures constituées par des lignes parallèles, équidistantes et inclinées à 45°.

Comme nous le verrons, on emploie aussi, dans le même but, des teintes conventionnelles.

Les hachures se font en trait fin (*fig.* 49 *a*).

[1] Voir § 29.

22. Cas de plusieurs pièces au contact. — Pour distinguer entre elles les pièces coupées qui se touchent, on change l'inclinaison des hachures en passant de l'une à l'autre. De plus, la plus petite surface se couvre de hachures plus serrées.

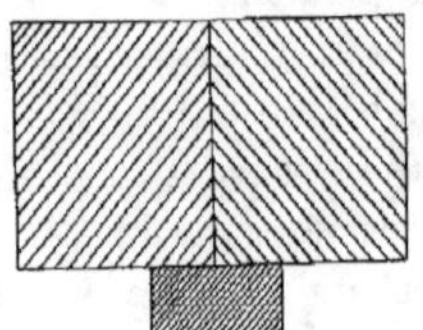

Fig. 41. — Hachures

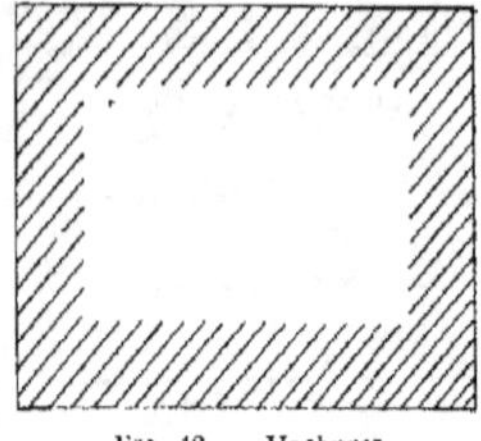

Fig. 42. — Hachures.

Si une pièce en touche deux autres, on est obligé de donner à ses hachures la même inclinaison qu'à celles d'une des deux autres, mais alors on accentue davantage la différence de leurs écartements (*fig.* 41).

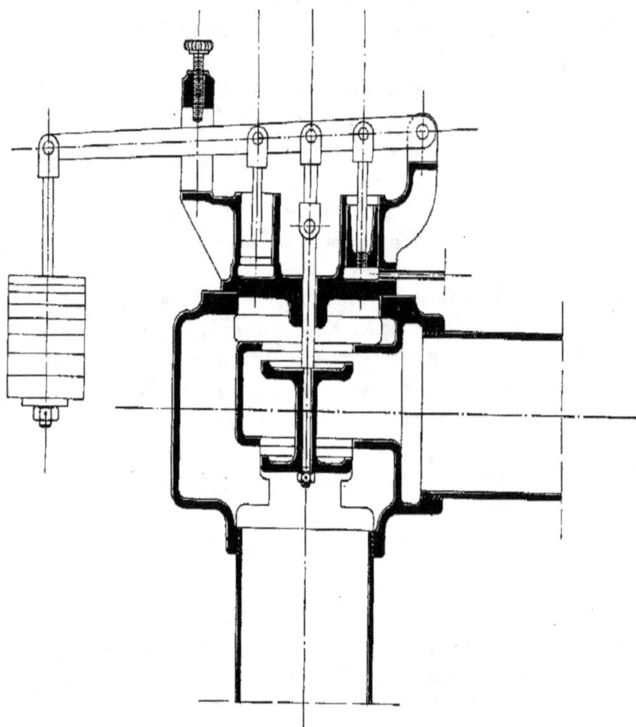

Fig. 43. — Régulateur pour compresseur d'air Ingersoll.

23. Grandes surfaces. — Afin d'éviter des pertes de temps, on se contente de hachurer leurs contours (*fig.* 42).

24. Faibles épaisseurs. — Dans les dessins de pièces de faibles épaisseurs (tôles, tubes, isolants, etc.) ou d'ensembles complexes à échelles réduites (dessins pour ouvrages scientifiques, pour publicité, etc.), il devient souvent difficile d'établir des hachures ; le plus simple est alors de noircir complètement les parties sectionnées. Cependant, afin de distinguer entre elles les pièces au contact, on laisse subsister un filet blanc convenablement placé ([1]).

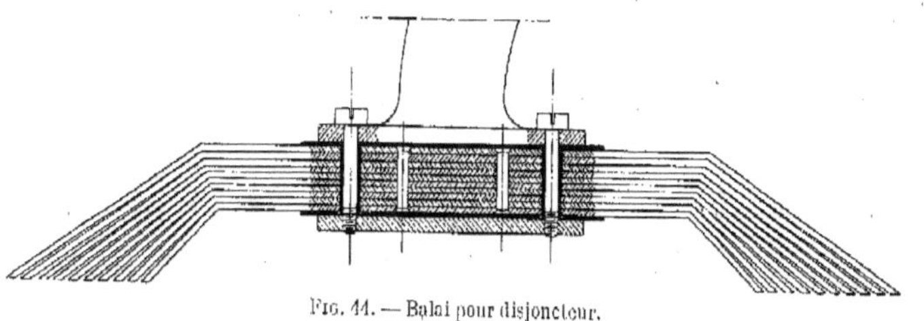

FIG. 44. — Balai pour disjoncteur.

La figure 43 montre l'application de cette convention à la totalité d'une coupe de soupape, et la figure 44 au cas d'isolants d'un balai feuilleté de disjoncteur.

Ce procédé donne beaucoup de relief au dessin, mais est assez long d'emploi et rend difficile le placement des cotes.

25. Hachures conventionnelles. — Il est intéressant de pouvoir reconnaître, par le simple aspect des hachures, la nature de la matière constituant la pièce coupée : on y arrive partiellement par l'emploi de hachures conventionnelles.

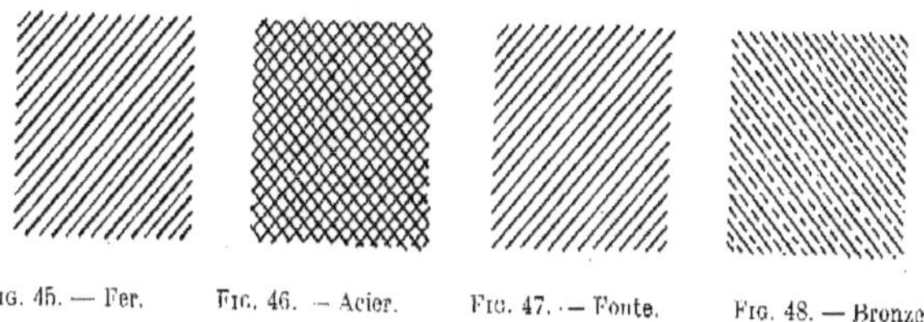

FIG. 45. — Fer.   FIG. 46. — Acier.   FIG. 47. — Fonte.   FIG. 48. — Bronze.

Les principaux métaux entrant dans la construction mécanique sont :
Le fer ;
L'acier ;
La fonte ;
Le bronze.

On a attribué à chacun de ces métaux un genre différent de hachures, indiqué par les figures 45 à 48.

Il est toutefois employé bien d'autres matériaux dans la construction ; on trou-

[1] Voir ombres, § 29.

vera, pour les plus courants d'entre eux, sur la planche 1 (page suivante), les hachures employées. On ne peut cependant songer à assigner à tous un genre propre de hachures sous peine d'introduire de la confusion là où l'on cherche de la clarté.

C'est pourquoi on est conduit à employer, pour les matières autres que celles indiquées, les mêmes hachures que pour la fonte ; il faut en conclure que des indications complémentaires concernant la nature et la qualité de ces matières, sont indispensables. Ces indications sont fournies, comme nous le verrons plus loin, par la *nomenclature*. Il est bon d'ailleurs d'ajouter que la connaissance de l'usage de l'appareil représenté renseigne déjà le lecteur industriel sur la nature probable des matériaux qui le constituent.

VI. — Teintes conventionnelles

26. Leur emploi en dessin. — Comme nous venons de le voir, les hachures se prêtent à un nombre très limité de combinaisons pratiques. Les teintes en autorisant un assez grand nombre, il est naturel qu'on ait cherché à s'en servir pour la représentation des coupes.

Les teintes présentent en outre l'avantage d'une exécution rapide et donnent un bel aspect au dessin ; malheureusement les procédés photographiques ne permettent pas leur reproduction. Il faut les passer à la main sur chaque tirage, ce qui enlève à ce procédé de reproduction la majeure partie de son intérêt industriel.

Les principales teintes conventionnelles sont indiquées par le tableau suivant.

Les colonnes A, B, C servent en outre à caractériser l'importance de chaque teinte élémentaire dans le mélange, importance allant en décroissant de A à C.

La planche I donne l'aspect de ces divers mélanges.

TEINTES CONVENTIONNELLES

27. Tableau des conventions adoptées.

NOM de la MATIÈRE À REPRÉSENTER	COULEURS FONDAMENTALES		
	A	B	C
Fer, acier doux...	Bleu de Prusse		
Fonte...........	Bleu de Prusse	Encre de Chine	Carmin
Acier	Bleu de Prusse ...... Carmin..........	....	Encre de Chine
Bronze..........	Gomme-gutte.......	....	Carmin
Laiton..........	Gomme-gutte		
Cuivre rouge.....	Terre de Sienne brûlée	....	Carmin
Bois	Terre de Sienne brûlée		
Terrains	Sépia Terre de Sienne brûlée		
Maçonneries	Carmin étendu.		

Pour toute autre matière, il suffit de faire choix d'une autre teinte, qu'une légende, placée en un coin du dessin, sera chargée d'expliquer.

28. Cas des croquis. — Vu leur caractère d'ébauche d'une représentation définitive, et pour leur conserver leurs qualités de rapidité et de simplicité d'exécution, on ne fait pas usage, pour les coupes des croquis, de teintes conventionnelles.

VII. — Ombres

29. Leur intérêt. — Dans la nature les objets nous apparaissent éclairés par une source lumineuse et il résulte de cet éclairage une accentuation marquée des reliefs.

On a cherché à conserver aux projections cette impression de relief en convenant de ce qui suit :

30. Éclairage adopté. — 1° *L'objet à dessiner, placé à l'intérieur du cube de projection, est supposé éclairé par un faisceau de rayons lumineux parallèles entre eux et à la diagonale AB du cube, tracée sur la figure 49.*

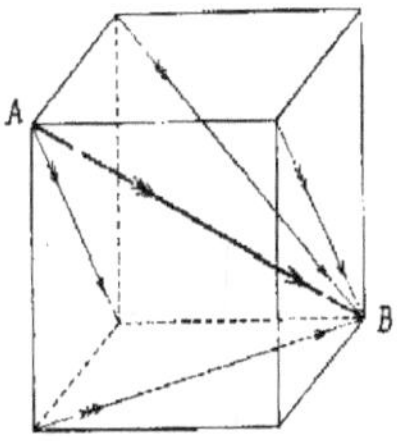

2° *L'intersection de deux surfaces éclairées donne un trait fin, toutes les autres intersections se représentant par des traits forts.*

Il résulte de ces conventions qu'un trait fin dans une projection, reste fin dans toutes les autres, et il en est de même des traits forts.

Fig. 49. — Rayon lumineux.

En projetant sur les diverses faces du cube le rayon lumineux initial, on obtiendra, pour chacune d'elles, la direction des rayons lumineux qui lui correspondent. Le développement du cube, opéré comme il a déjà été indiqué pour les projections, donne alors les directions lumineuses à adopter sur le dessin pour l'élévation, le plan et les profils (*fig.* 50).

Les figures 51 et 52, qui représentent en coupe la même vanne, éclairée et non éclairée, ont été établies pour permettre au lecteur d'apprécier les avantages résultant de ces conventions.

A titre d'exemples, ajoutons-y le cas d'une manivelle (*fig.* 53), et celui si fréquent de l'écrou (*fig.* 54).

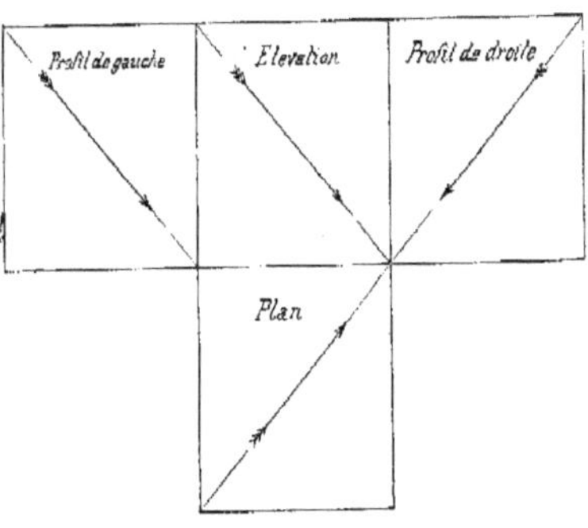

Fig. 50. — Directions des rayons lumineux.

Pour l'écrou, on reconnaît que les traits AB et CD sont fins parce qu'en plan les faces MN, NP et PQ, dont ils représentent les intersections, sont éclairées ; au con-

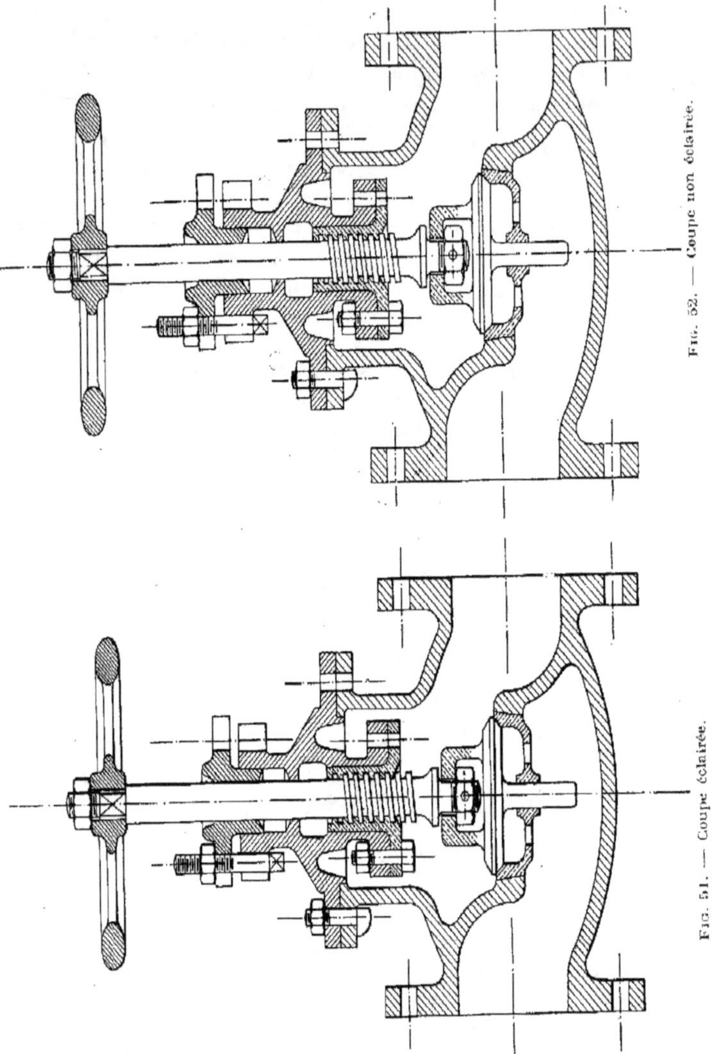

traire, les traits EF et GH sont forts parce qu'ils représentent, le premier l'intersection d'une face éclairée et d'une face dans l'ombre, le second l'intersection de deux faces dans l'ombre.

Pour le profil il faut se reporter à la règle disant que les traits fins ou forts dans une vue, l'élévation et le plan dans notre cas, restent fins ou forts dans toute autre vue.

REMARQUE. — *Les contours de parties creuses sont ombrés à l'inverse des contours identiques de parties pleines.* Ceci est notamment le cas des circonférences A et B de la figure 53.

Les circonférences ombrées ne l'étant que sur la moitié de leur longueur, entre les points de contact M et N de deux tangentes parallèles au rayon lumineux (*fig.* 53), le raccordement des parties fortes et fines se fait, en ces points de contact, par un amincissement progressif du trait de force sur un arc de 45° de P en M et de Q en N.

FIG. 53. — Manivelle.

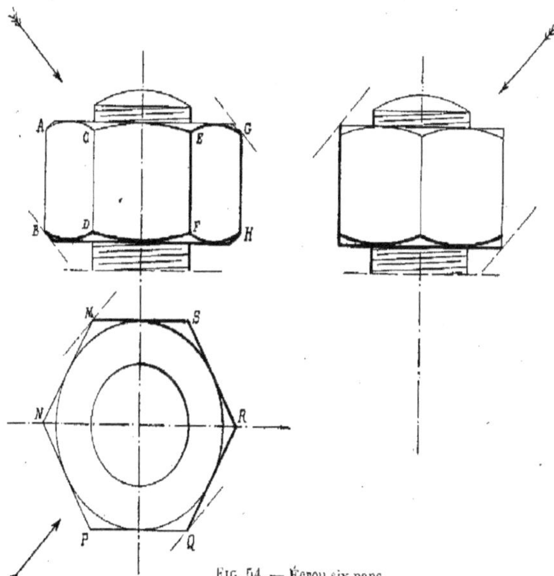

FIG. 54. — Écrou six pans.

En pratique, l'application des traits de force n'est pas toujours aisée et exige une certaine habitude de la part du dessinateur. On leur reproche d'exiger un temps d'exécution assez considérable, de causer souvent des taches au cours du travail par suite du frottement des outils de dessin avant séchage complet, et d'augmenter les difficultés de correction. En conséquence, malgré l'intérêt des lignes de force, leur emploi tend à disparaître pour les dessins d'atelier.

31. Filet de lumière. — Considérons le cas de deux ou plusieurs pièces coupées, composées de même matière, et se touchant.

Si nous recouvrons en entier, de la même teinte, ces diverses sections, leur distinction deviendra difficile.

On convient, pour éviter cet inconvénient, de ménager sur les bords de chaque pièce un filet blanc placé comme suit :

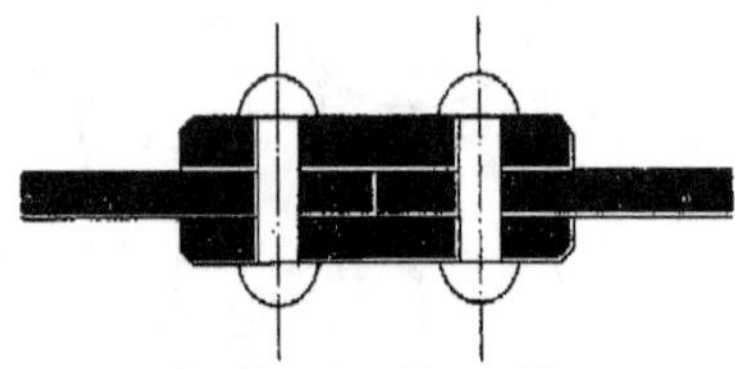

Fig. 55. — Assemblage de tôles.

La pièce est supposée seule, et éclairée comme pour les traits de force. On laisse un filet blanc le long des traits qui seraient fins, parce qu'éclairés.

La figure 43 et la figure 55 illustrent cette convention dans le cas des coupes teintées à l'encre de Chine.

VIII.   Représentations simplifiées

32. Leur intérêt. — La représentation complète de certains organes mécaniques tels que vis, écrous, engrenages, ressorts, etc..., serait longue et inutile, aussi a-t-on cherché à la limiter, dans ces cas et leurs analogues, au minimum nécessaire pour l'intelligence du dessin.

Nous allons traiter la question pour les organes les plus usuels, toute autre simplification adoptée étant d'ailleurs valable si elle ne compromet pas la lecture du dessin.

33. Vis. — Les vis se distinguent au point de vue filetage :
1° Par le nombre des filets (vis à un, deux, trois, etc., filets) ;
2° Par la forme du filet (filet carré, trapézoïdal, triangulaire, etc...) ;
3° Par l'inclinaison des filets (vis à droite ou à gauche) ;
4° Par le pas.

34. Vis à filet carré. — Pratiquement le nombre de filets ne s'indique que lorsqu'il est supérieur à un ; l'expression vis à filet carré contient donc implicitement l'indication d'un filet unique.

La surface génératrice du filet est un carré dont le côté a pour valeur la moitié du pas.

Sa représentation complète est donnée par la figure 56 ; elle exige le tracé par points des diverses hélices, travail long et sans intérêt. On a indiqué sur cette figure quelques carrés générateurs du filet ; ces carrés disparaissent du dessin définitif.

Une première simplification s'obtient en rectifiant les hélices (*fig.* 57).

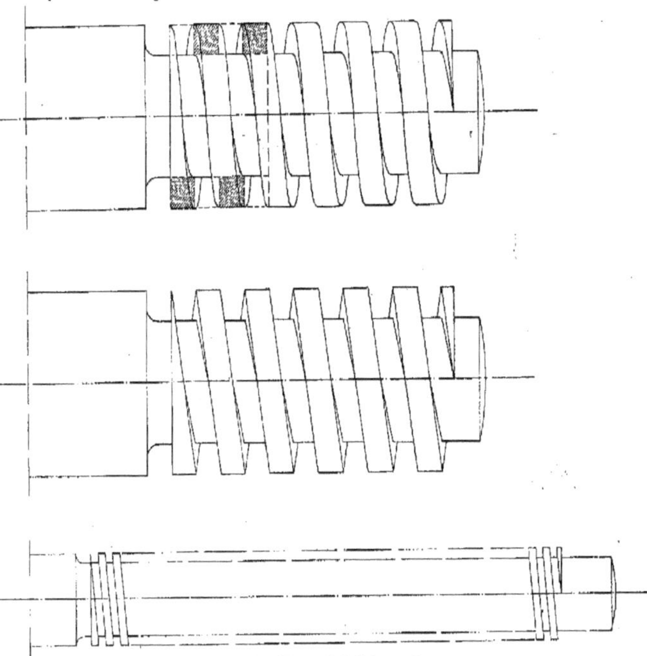

Fig. 56 à 58. — Vis à filets carrés.

Ce mode de représentation est employé dans le cas de vis de grand diamètre.

Pour les vis de petit diamètre, on le simplifie encore en ne traçant plus que les traits indiqués sur la figure 58.

Enfin, lorsque les vis sont longues, le tracé total n'offrant aucune nécessité, on dessine à chaque extrémité quelques filets que l'on réunit par de longs éléments de traits (même figure).

Ces traits élémentaires sont indispensables, car si on les remplaçait par des traits continus, le dessin représenterait une tige lisse filetée à chaque extrémité.

35. Vis à filets trapézoïdaux. — Elles ne s'emploient que pour de gros efforts et, par suite, avec de grands diamètres.

On les représente en rectifiant les hélices.

36. Vis à filets triangulaires. — Ce sont de beaucoup les plus employées.

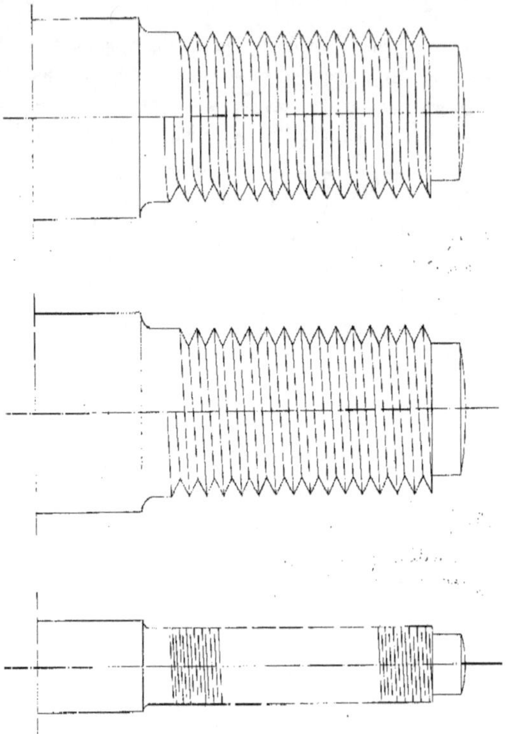

Fig. 59 à 61. — Vis à filets triangulaires.

Les figures 59, 60, 61, 62 montrent :

La première, leur représentation complète ;

La seconde, une première simplification ;

Les suivantes, deux autres simplications successives ;

La dernière d'entre elles (*fig.* 62), s'emploie surtout pour les vis et prisonniers de faible diamètre.

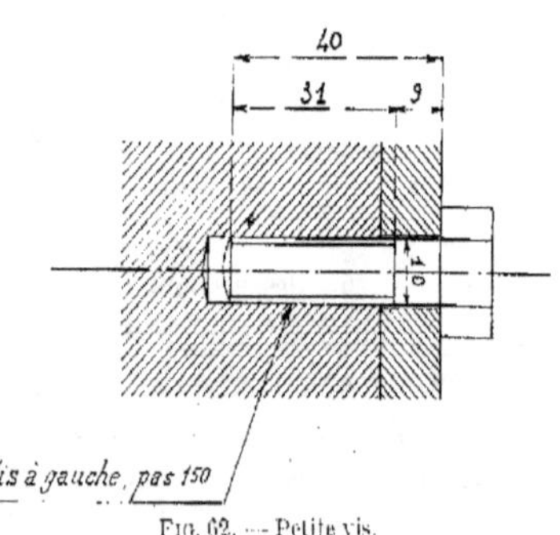

Fig. 62. — Petite vis.

37. Pas à droite et à gauche. — Le pas est à droite ou à gauche suivant que les hélices progressent à droite ou à gauche pour l'observateur ayant la vis placée

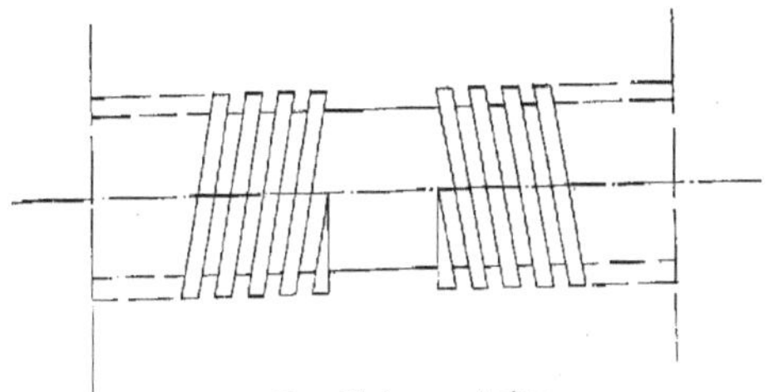

verticalement devant lui.

En l'absence d'indication, la vis est considérée comme étant à pas à droite.

Sur la figure 63, la vis de gauche est à pas à droite et celle de droite est à pas à gauche.

Fig. 63. — Vis à pas contraires.

38. Vis à plusieurs filets. — Elles se représentent comme les vis à un filet, mais leur pas est double, triple, etc..., de celui de ces dernières, suivant que la vis est à deux, trois, etc., filets.

Leur intérêt consiste en ce qu'elles permettent d'obtenir, pour une rotation donnée et dans les mêmes conditions de résistance mécanique, des déplacements d'écrous doubles, triples, etc..., de ceux obtenus pour une même rotation à l'aide d'une vis à un seul filet.

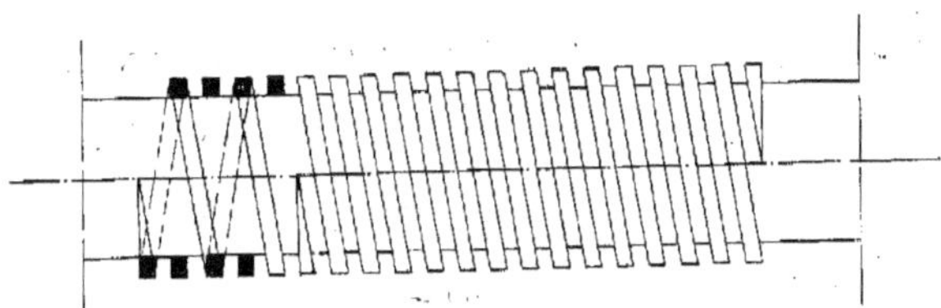

Fig. 64. — Vis à deux filets.

La figure 64 représente une vis à deux filets carrés, pas à droite.

On voit sur la gauche que le carré générateur d'un des filets se déplace, pour un tour, de quatre fois sa dimension au lieu des deux fois de la vis à simple filet. Dans l'intervalle de ce premier filet vient se placer le second.

39. Indication des pas. — Les pas doivent toujours être cotés. Cependant, si toutes les vis d'un appareil ont leurs pas se rapportant à un système bien déterminé et indiqué sur le dessin (système international ou S. I. par exemple), il suffira des diamètres pour caractériser en même temps les pas.

Comme nous le verrons (§ 55), les pas s'indiquent généralement en centièmes de millimètre.

40. Profils divers. — En dehors des profils courants, on peut avoir à représenter des vis de profils quelconques.

Il suffit, dans ce cas, de joindre au dessin de la vis une représentation convenablement agrandie de deux filets, qui servira à établir un gabarit pour la fabrication de l'outil de filetage (*fig.* 65).

41. Écrous. — Ce sont des organes que l'on rencontre constamment en dessin ; il importe donc de savoir les représenter rapidement.

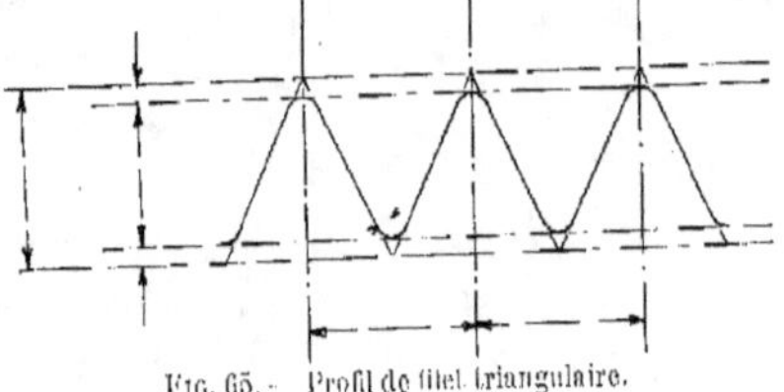

FIG. 65. — Profil de filet triangulaire.

Ils se composent (*fig.* 66) d'un prisme hexagonal, percé suivant son axe d'un trou fileté avec chanfreins coniques supérieur et inférieur.

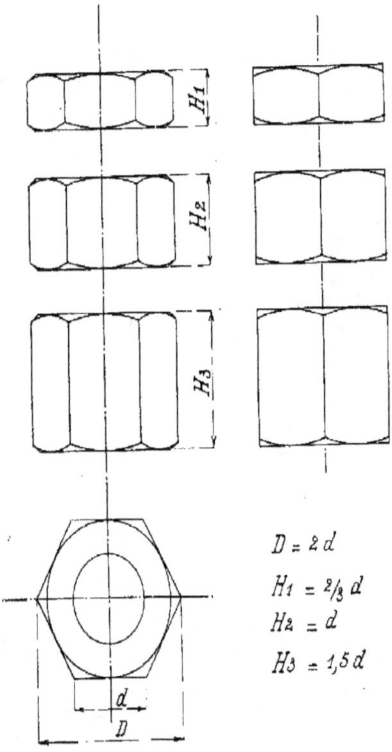

Il existe trois types principaux d'écrous caractérisés par leur hauteur, fonction elle-même des efforts à exercer.

Ces trois types sont :

L'écrou bas ($H_1 = 2/3\ d$), employé surtout comme contre-écrou ;

L'écrou moyen ($H_2 = d$), de beaucoup le plus employé ;

L'écrou haut ($H_3 = 1,5\ d$), pour les serrages très énergiques.

Dans tous les cas, on a $D = 2d$, c'est-à-dire que le diamètre du cylindre dans lequel l'écrou est inscrit est double de celui de la tige sur laquelle il se visse.

$$D = 2d$$
$$H_1 = {}^2/_3\ d$$
$$H_2 = d$$
$$H_3 = 1,5\ d$$

FIG. 66. — Écrous 6 pans.

42. Dessin d'un écrou partant de celui de la vis. — 1° *Dessin au crayon.* — *Élévation.* — Tracer successivement (*fig.* 67) les traits AB, CD, EF, KL (les traits GH et IJ se confondent avec ceux de la vis).

Avec un rayon r égal à $\dfrac{d}{2}$, tracer les arcs de cercle supérieurs et inférieurs des faces de droite et de gauche.

Chercher ensuite par tâtonnement, sur l'axe *xy*, le centre d'un arc de cercle tangent à CD et passant par les points M et N ; avec le même rayon, tracer l'arc de cercle inférieur de la même face.

Tracer les chanfreins tels que *ab* tangents aux arcs de cercle aux points tels que *a*.

Plan. — Tracer la circonférence D, y inscrire un hexagone dont deux des sommets soient aux extrémités du diamètre horizontal.

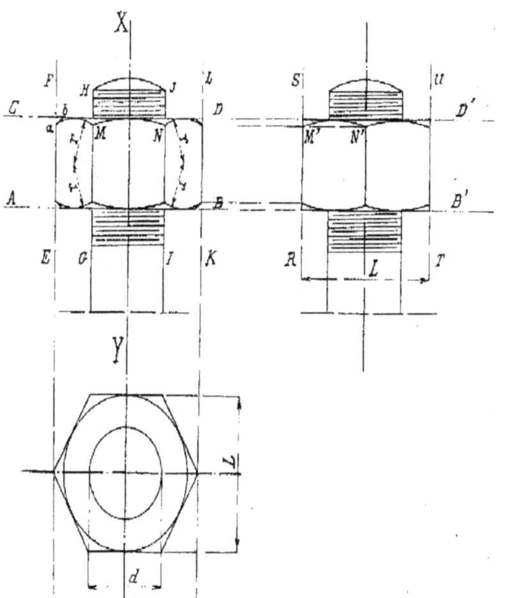

Tracer la circonférence inscrite dans cet hexagone.

Profil. — Prolonger horizontalement les traits AB et CD jusqu'en B′ et D′ et tracer les traits RS et TU tels que L égale l'apothème de l'hexagone.

Déterminer par tâtonnements les centres d'arcs de cercle tangents à DD′ et passant par les points tels que M′ et N′.

Fig. 67. — Tracé d'un écrou.

Ceci fait, effacer sur toutes les vues les traits inutiles et repasser au crayon ceux qui doivent former le dessin, c'est-à-dire ceux figurant en traits noirs continus sur la figure 67.

2° *Dessin à l'encre.* — Pour le tracé préparatoire au crayon, opérer comme il a été dit plus haut, mais en ne traçant pas les arcs de cercle et les chanfreins.

Commencer le dessin à l'encre par les arcs de cercle et passer ensuite aux traits rectilignes [1].

43. Écrous en coupe. — Quand on est appelé à couper un écrou seul, le mode de représentation des filets est le même que celui employé pour la vis, mais il y a lieu de remarquer que l'inclinaison des filets est inverse. Les hélices qui les constituent

[1] Avec un peu d'expérience, les arcs de cercle se tracent directement à l'encre. Nous conseillons toutefois, dans ce cas, d'en faire un tracé rapide au crayon et à la main, pour éviter des erreurs quand on repasse à l'encre les traits de l'écrou.

correspondent, en effet, à celles de la partie de la vis qui ne se voit pas, et qui sont

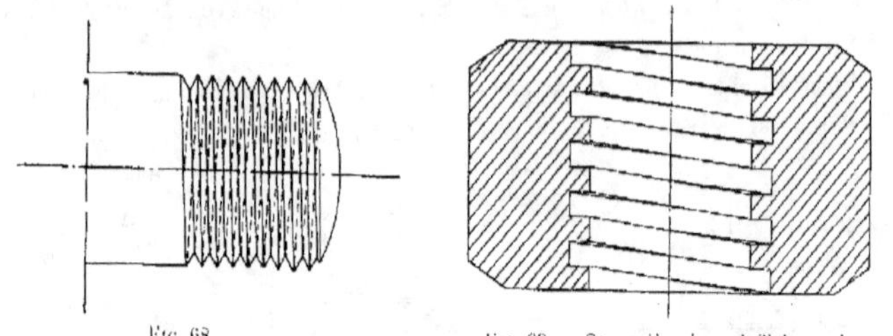

Fig. 68.   Fig. 69. — Coupe d'un écrou à filets carrés.

représentées en pointillé sur la figure 68.

A titre d'exemples, les figures 69, 70, 71 et 72 représentent les coupes :

D'un écrou six pans à filets carrés, pas à droite (*fig.* 69) ;

D'un écrou six pans à filets trian-

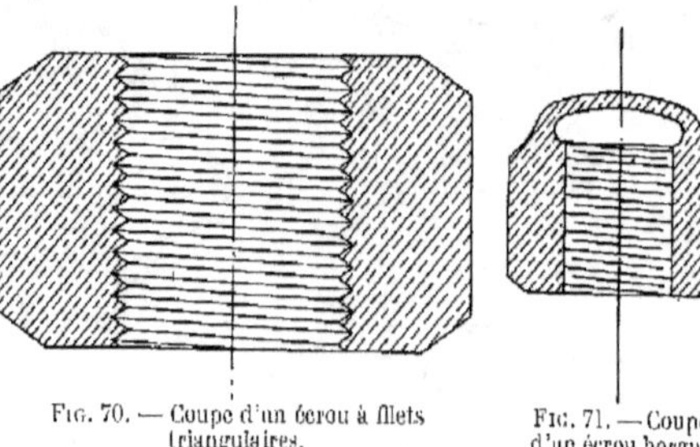

Fig. 70. — Coupe d'un écrou à filets triangulaires.

Fig. 71. — Coupe d'un écrou borgne.

gulaires, pas à droite (*fig.* 70) ;

D'un écrou borgne à filets triangulaires avec représentation très simplifiée (*fig.* 71) ;

D'un écrou de grand diamètre à filets triangulaires, sans tracé des hélices comme on le fait parfois (*fig.* 72).

On remarquera sur les figures 71 et 72 que les filets débouchent dans une gorge de plus grand diamètre. Cette gorge est nécessaire pour dégager l'outil de filetage à fin de course et obtenir un bon filet dans cette région.

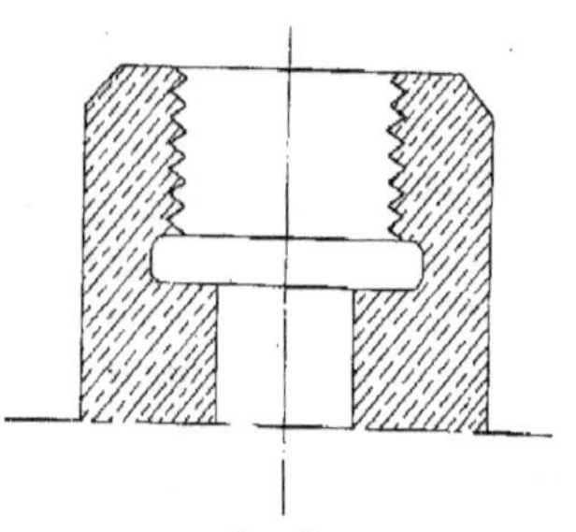

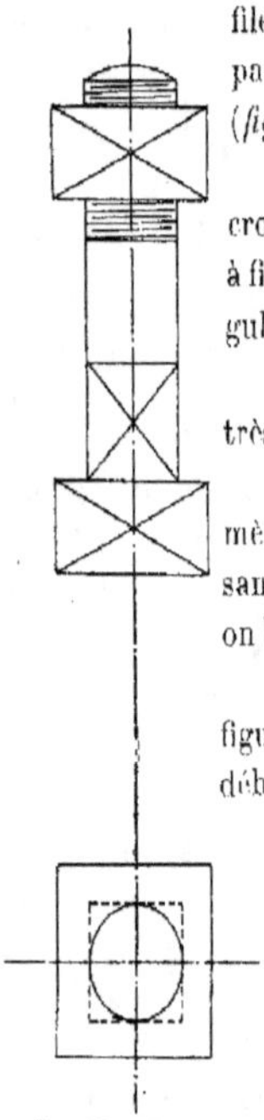

Fig. 72.

Fig. 73. — Boulon à tête carrée.

44. Écrous carrés. — La représentation en élévation d'un écrou carré se faisant comme celle d'un cylindre, par un rectangle, une vue en plan est nécessaire pour montrer le carré.

Afin d'éviter cette vue, on convient de tracer les diagonales du rectangle dans l'élévation d'un écrou carré (*fig.* 73).

La même convention s'applique aux têtes carrées des boulons et tire-fonds et aux embases carrées (même figure).

45. Ressorts. — Nous ne parlerons que des ressorts hélicoïdaux qui sont les plus usuels.

La représentation exacte d'un ressort est longue et sans intérêt ; on la simplifie en opérant comme pour les filets de vis, c'est-à-dire en rectifiant les hélices (*fig.* 74).

Même simplification pour les coupes (*fig.* 75).

Quand un ressort est long, n'en représenter que quelques spires à chaque extrémité et relier les deux parties par des traits élémentaires comme il a déjà été dit pour les longues vis (§ 34, *fig.* 58).

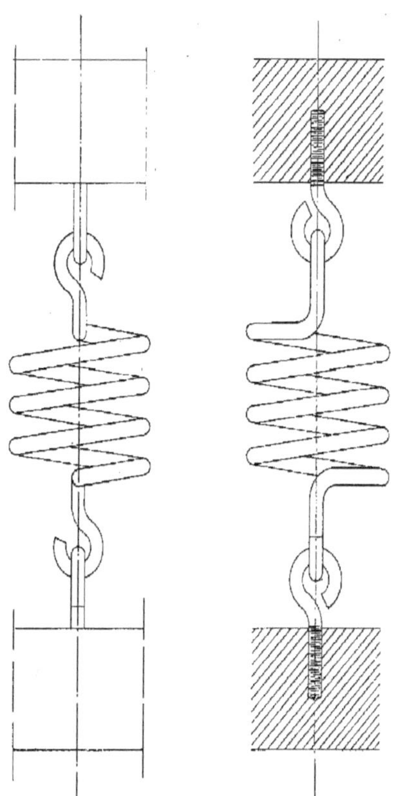

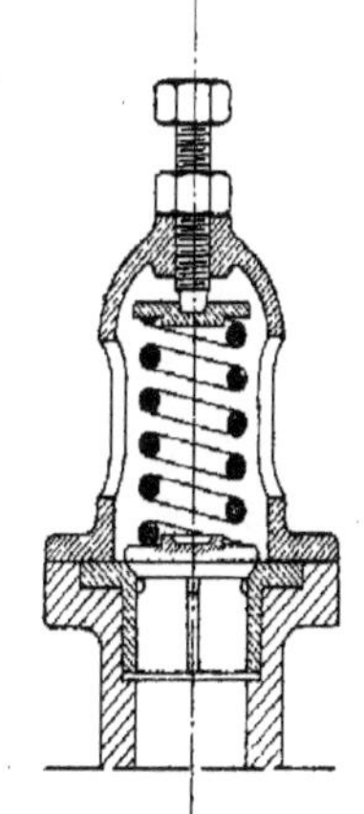

Fig. 74. — Ressort hélicoïdal.

Fig. 75. — Coupe d'un clapet de sûreté.

On doit joindre à tout dessin de ressort une nomenclature donnant :
La nature et le diamètre du fil le constituant ;
Sa longueur développée ;
Son diamètre moyen d'enroulement ;

Son nombre de spires ;
Sa hauteur lorsqu'il est laissé libre.

Les deux premières indications permettent de prendre au magasin le fil nécessaire ; les trois autres servent à la fabrication.

46. Engrenages cylindriques. — Nous ne nous occuperons que de la représentation des dents [dont nous supposerons connu le tracé adopté ([1])], celle de la roue se faisant suivant les conventions indiquées pour les volants.

Le tracé total des dents serait long et inutile ; on le remplace par une nomenclature donnant tous les éléments qui les caractérisent. Ces éléments varient suivant que l'engrenage est pris dans une série existante, ou devra être construit spécialement à l'aide d'une fraise.

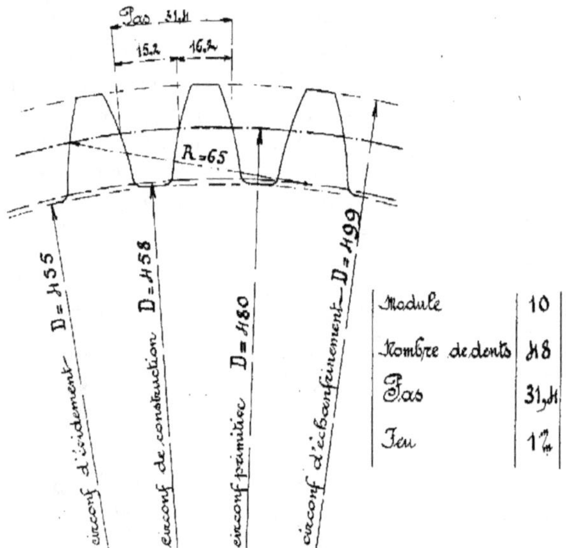

Fig. 76. — Profil de dents d'engrenage.

Ce deuxième cas est à éviter le plus possible, parce qu'il conduit, sauf pour l'exécution d'un grand nombre de pièces, à des frais de modelage et de taille élevés.

Dans le premier cas, les éléments suivants suffisent.

Profil adopté ;
Module ;
Nombre de dents ;
Diamètre primitif (produit du module par le nombre de dents) ;

<hr>

([1]) Voir un ouvrage de cinématique appliquée.

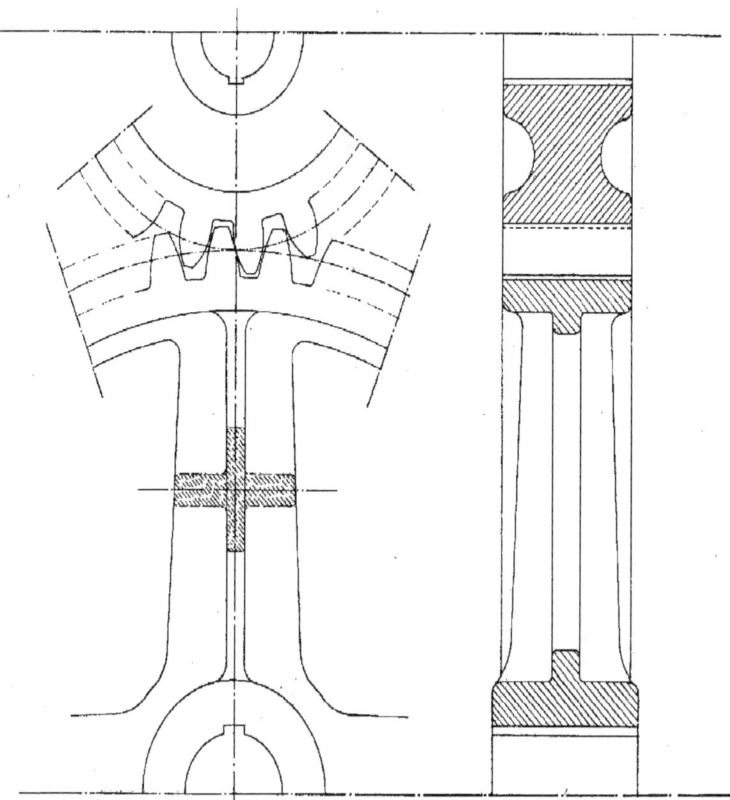

Fig. 77. — Roues d'engrenage cylindrique.

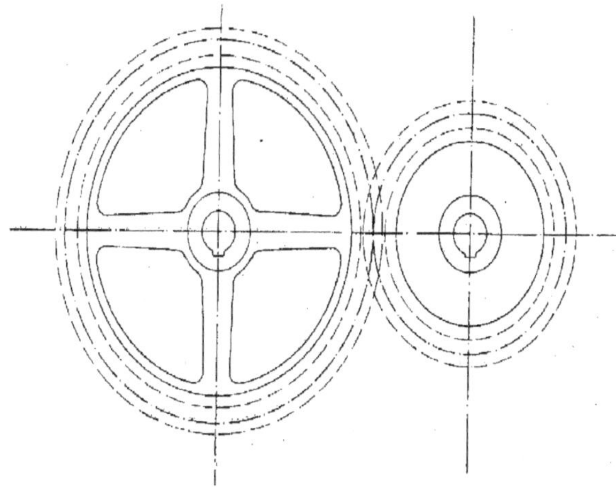

Fig. 78. — Engrenage cylindrique. — *Représentation simplifiée.*

Largeur des dents.

Dans le deuxième cas, il faut y ajouter :

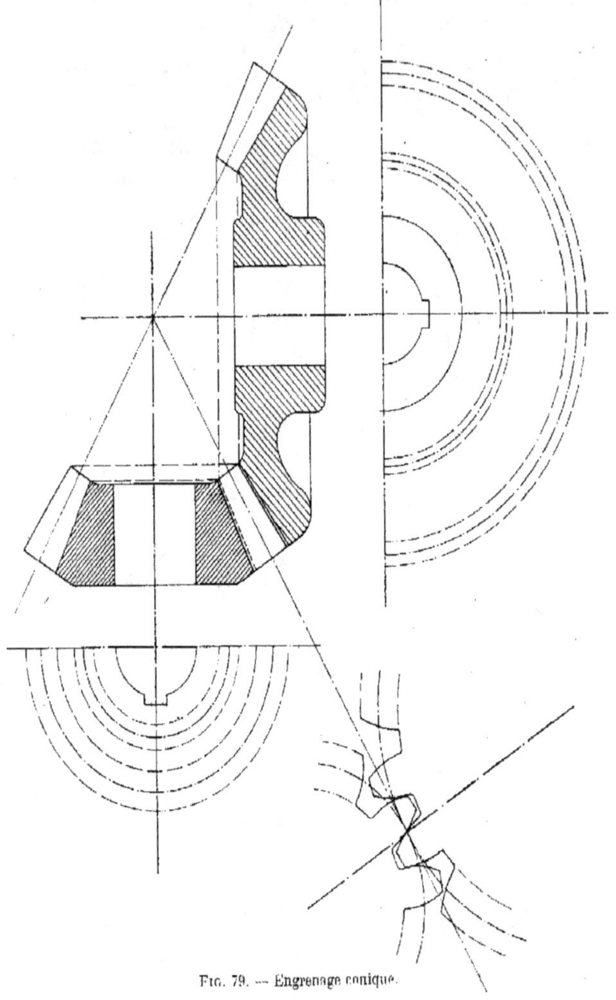

Fig. 79. — Engrenage conique.

Le diamètre d'échanfrinement ;

Le diamètre d'évidement ;

Un tracé très soigné, et grandeur nature, de trois dents (fig. 76), qui servira à établir le calibre de fabrication de la fraise.

Deux roues d'engrenage cylindrique peuvent alors se représenter sous la forme simplifiée de la figure 77, sur laquelle n'ont été tracées que les dents en prise. Souvent même la simplification est poussée encore plus loin. On ne trace que les cercles primitifs, en traits mixtes, et les circonférences d'échanfrinement et d'évidement, en traits élémentaires (*fig.* 78).

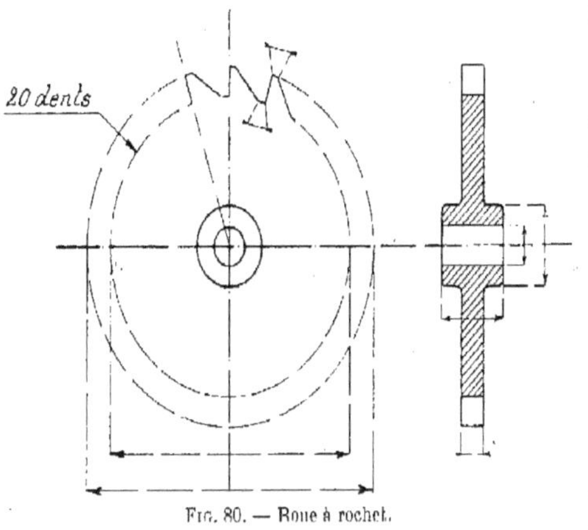

Fig. 80. — Roue à rochet.

47. Engrenages coniques. — Leurs caractéristiques sont les mêmes que celles indiquées pour les engrenages cylindriques ; il y a seulement lieu d'y ajouter l'angle sous lequel se rencontrent les axes des deux roues (*fig.* 79).

48. Roues à rochet. — On se contente de figurer deux ou trois dents (*fig.* 80) et l'on donne sur le dessin les cotes et indications complémentaires permettant la construction.

49. Profilés. — En charpente métallique, ainsi que dans bien des constructions, il est fait un grand usage des fers profilés du commerce.

Ces fers sont caractérisés par leur forme et par leurs dimensions.

La figure 81 montre comment on désigne industriellement les principaux d'entre eux.

Chaque forge fournit un album de tous les fers courants qu'elle lamine et, dans une étude, on doit toujours chercher à utiliser ces profils, d'approvisionnement plus facile et d'achat peu coûteux.

50. Rivets. — Quand il est fait usage de profilés, on a souvent à représenter une grande quantité de rivets ou de boulons. On s'évite alors du travail en convenant de ne pas les représenter et en indiquant simplement les positions de leurs axes et leurs diamètres. Encore se contente-t-on de ne marquer ces axes que sur une seule projection, celle sur laquelle ils se projettent suivant un point.

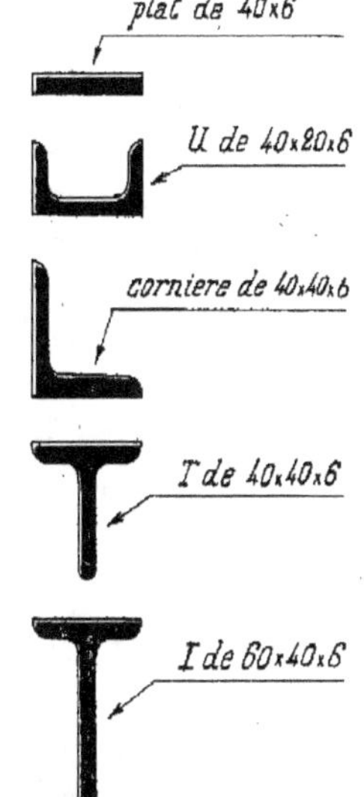

Fig. 81. — Profilés.

La figure 82, relative à un fer cornière, a été ainsi établie.

Mais, le plus souvent, quand toutes les distances sont égales, une indication remplace cette répétition de cotes (*fig. 83*).

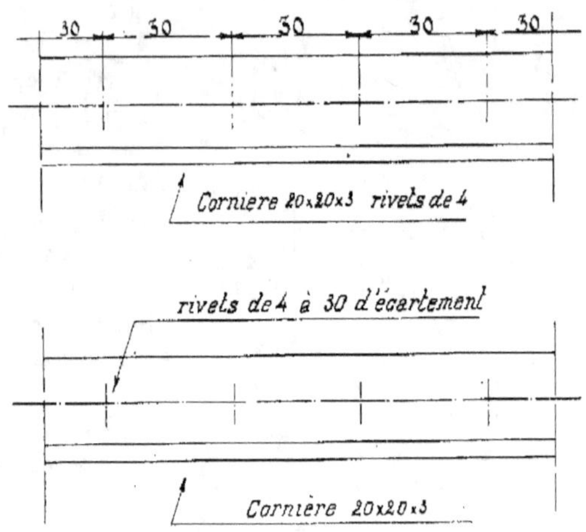

Fig. 82 et 83. — Cotes de rivetage.

51. Projections obliques. — Lorsqu'une pièce représentée en grandeur, ou à l'échelle, sur une vue, se projette obliquement sur une autre vue, il y a intérêt à ne pas la dessiner sur cette autre vue. En effet les projections obliques sont plus longues de tracé, et les dimensions réduites qui résultent de la projection ne sauraient être cotées. C'est, par exemple, le cas de la figure 169 (p. 58), où la poignée de l'interrupteur, projetée normalement dans l'élévation, n'a pas été dessinée en plan.

Une seule vue suffisant rarement à la détermination complète d'une pièce, il y a lieu de faire, dans le cas que nous envisageons, un dessin à part de la pièce oblique et de le coter.

52. Schémas. — Les schémas constituent un mode de représentation ultra-simplifié. On les emploie surtout en électricité où l'on a, dans les dessins d'ensemble d'installations, à représenter un grand nombre d'appareils.

On conçoit aisément que, pour représenter une installation de sonnerie, par exemple, il soit inutile de dessiner à l'échelle, les piles, les conducteurs et leurs supports, le bouton et la sonnerie proprement dite. Il suffit, pour qu'un ouvrier puisse faire le montage, qu'il sache comment les divers appareils doivent être reliés entre eux.

Les signes conventionnels donnés par les figures suivantes ont été préconisés

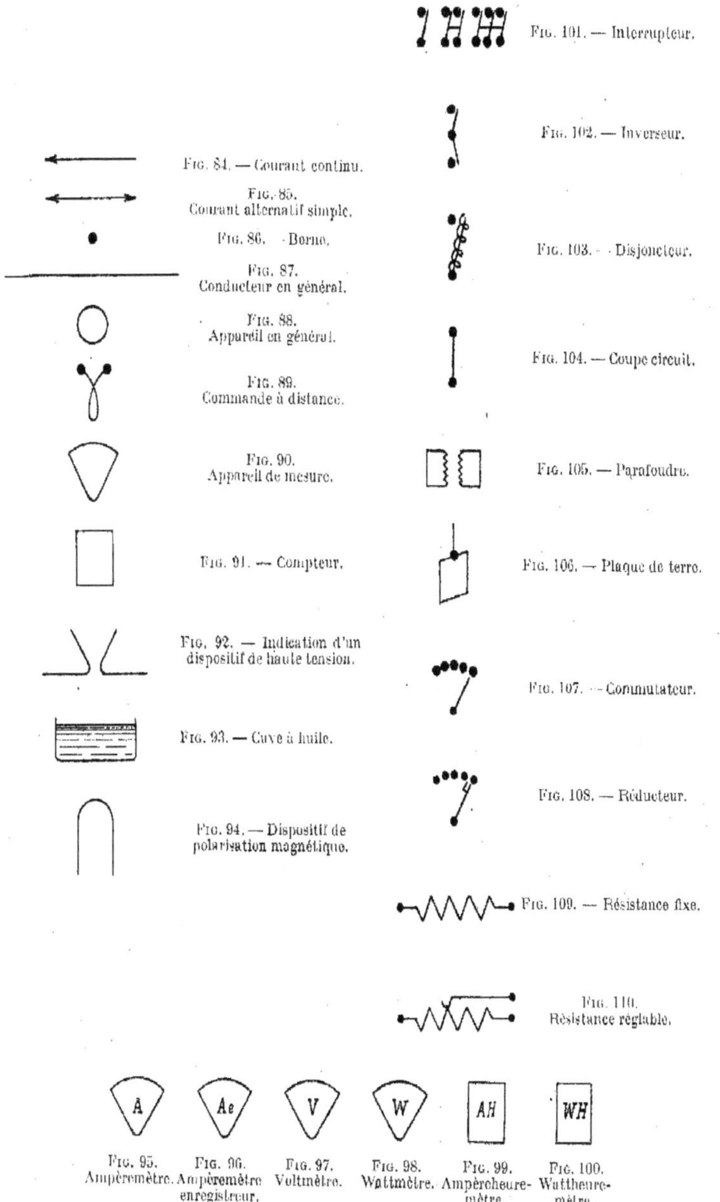

Fig. 84. — Courant continu.

Fig. 85.
Courant alternatif simple.

Fig. 86. — Borne.

Fig. 87.
Conducteur en général.

Fig. 88.
Appareil en général.

Fig. 89.
Commande à distance.

Fig. 90.
Appareil de mesure.

Fig. 91. — Compteur.

Fig. 92. — Indication d'un
dispositif de haute tension.

Fig. 93. — Cuve à huile.

Fig. 94. — Dispositif de
polarisation magnétique.

Fig. 101. — Interrupteur.

Fig. 102. — Inverseur.

Fig. 103. — Disjoncteur.

Fig. 104. — Coupe circuit.

Fig. 105. — Parafoudre.

Fig. 106. — Plaque de terre.

Fig. 107. — Commutateur.

Fig. 108. — Réducteur.

Fig. 109. — Résistance fixe.

Fig. 110.
Résistance réglable.

Fig. 95.
Ampèremètre.

Fig. 96.
Ampèremètre
enregistreur.

Fig. 97.
Voltmètre.

Fig. 98.
Wattmètre.

Fig. 99.
Ampèreheure-
mètre.

Fig. 100.
Wattheure-
mètre.

en 1907 par la Société internationale des Électriciens (¹) en vue d'introduire quelque

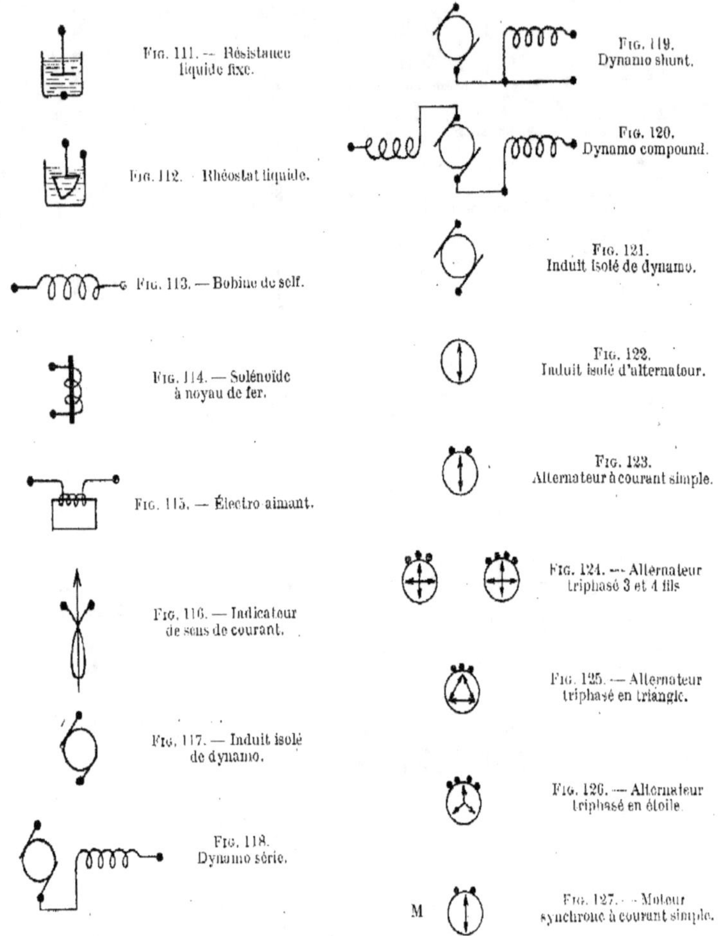

Fig. 111. — Résistance
liquide fixe.

Fig. 112. — Rhéostat liquide.

Fig. 113. — Bobine de self.

Fig. 114. — Solénoïde
à noyau de fer.

Fig. 115. — Électro-aimant.

Fig. 116. — Indicateur
de sens de courant.

Fig. 117. — Induit isolé
de dynamo.

Fig. 118.
Dynamo série.

Fig. 119.
Dynamo shunt.

Fig. 120.
Dynamo compound.

Fig. 121.
Induit isolé de dynamo.

Fig. 122.
Induit isolé d'alternateur.

Fig. 123.
Alternateur à courant simple.

Fig. 124. — Alternateur
triphasé 3 et 4 fils

Fig. 125. — Alternateur
triphasé en triangle.

Fig. 126. — Alternateur
triphasé en étoile.

Fig. 127. — Moteur
synchrone à courant simple.

méthode là où régnaient précédemment les habitudes souvent différentes des divers
ingénieurs et des maisons d'électricité.

(¹) Voir *Bulletin de la Société internationale des Électriciens*, 2ᵉ série, t. VII, 1907, nᵒ 62.

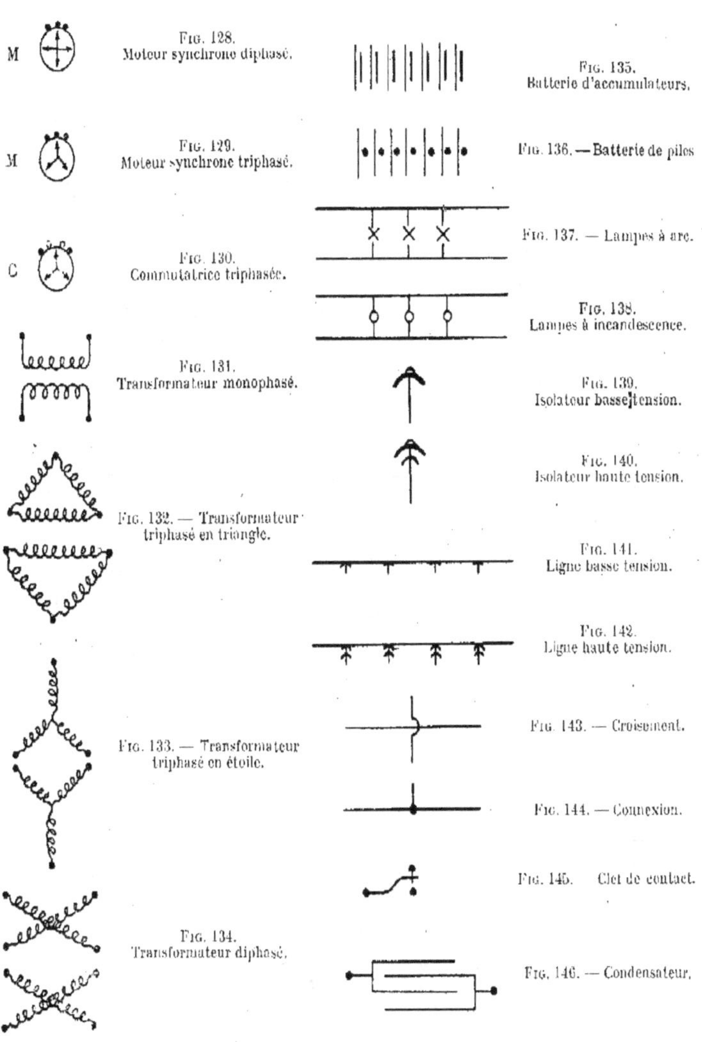

Fig. 128.
Moteur synchrone diphasé.

Fig. 129.
Moteur synchrone triphasé.

Fig. 130.
Commutatrice triphasée.

Fig. 131.
Transformateur monophasé.

Fig. 132. — Transformateur
triphasé en triangle.

Fig. 133. — Transformateur
triphasé en étoile.

Fig. 134.
Transformateur diphasé.

Fig. 135.
Batterie d'accumulateurs.

Fig. 136. — Batterie de piles

Fig. 137. — Lampes à arc.

Fig. 138.
Lampes à incandescence.

Fig. 139.
Isolateur basse tension.

Fig. 140.
Isolateur haute tension.

Fig. 141.
Ligne basse tension.

Fig. 142.
Ligne haute tension.

Fig. 143. — Croisement.

Fig. 144. — Connexion.

Fig. 145.   Clef de contact.

Fig. 146. — Condensateur.

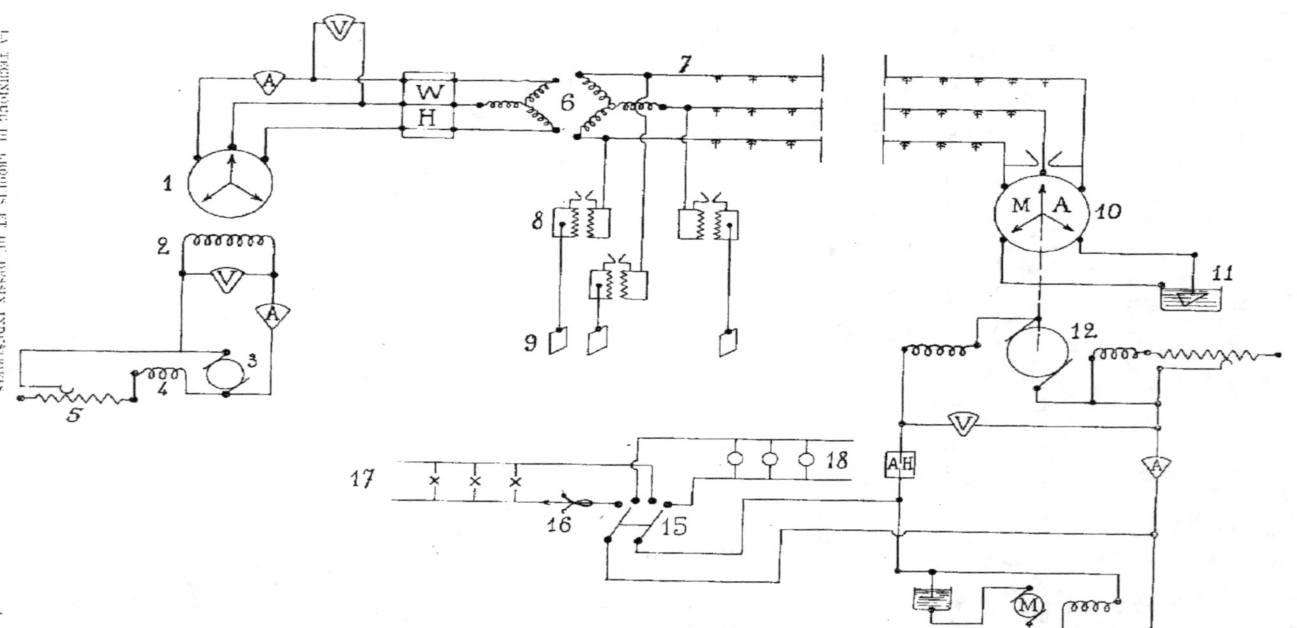

Fig. 147. — Application des signes caractéristiques à un schéma d'installation.

TABLEAU I

Tableau synoptique des symboles cartographiques.

SIGNES PRINCIPAUX.

A. Usines génératrices ou centrales.

Thermiques.

Hydrauliques.

Mixtes.

B. Sous-stations et postes.

Sous-stations.

a. De transformation avec appareils rotatifs.

b. D'accumulateurs.

Postes.

a. De transformation avec appareils non rotatifs.

b. De sectionnement.

C. Distributions publiques.

Distributions publiques (Régime des concessions de communes ou de syndicat de communes).

Distributions publiques (Régime de la concession d'État).

C. Distributions publiques (suite).

Distributions publiques (Régime de la permission de voirie).

D. Canalisations.

$1°$ *Nature des canalisations.*

Aériennes.

En caniveau (Conducteurs nus)

En câble armé.

En caniveau (Conduct^{rs} isolés).

Trolley aérien.

Trolley souterrain.

$2°$ *Nature des supports.*

Poteaux bois (ou pas d'indication spéciale).

Supports métalliques.

Poteaux en ciment.

N. B. — Dans la plupart des cas, l'indication de la nature des supports sera inutile.

SIGNES SECONDAIRES (PUISSANCE EN KILOWATTS).

$(0^{cm},5)$

(1^{cm})

$(1^{cm},5)$

De o à 1000 exclus.

De 1000 inclus à 10000 exclus.

10000 et au-dessus.

$$\frac{U}{f} \qquad U = \text{tension}; \qquad \frac{50\,000}{25}$$
$$f = \text{fréquence}.$$

Courant continu.   C^{t} alternatif simple.   Courant triphasé.   Courant diphasé.

$2 \sim$ $3 \sim$ $4 \sim$

(ou pas d'indication spéciale).

$3 \sim 50$ 2 lignes élémentaires triphasées de 50^{mm^2} de section par conducteur.

$3 \sim \quad 3 \times S_1 + 1 \times S_2$ 2 lignes élémentaires à courant triphasé composées chacune de 3 conducteurs de section S_1 et de 1 conducteur de section S_2.

DEUXIÈME PARTIE

SURCHARGES DU DESSIN

IX. — Cotes

53. Leur nécessité. — L'usinage des organes de machines exige la connaissance exacte de toutes leurs dimensions.

Quelle que soit la précision apportée à l'exécution d'un dessin, on ne peut songer, sous peine d'erreurs, à y relever ces dimensions (en tenant compte de l'échelle) et moins encore s'il s'agit d'un croquis. Ce n'est que par l'inscription de cotes chiffrées qu'on peut fournir les indications précises indispensables pour l'exécution des pièces.

Enfin il est souvent nécessaire de pouvoir vérifier les possibilités de montage ou de déplacement de telle ou telle pièce d'un ensemble, vérifications ne pouvant se faire en toute sécurité qu'à l'aide de cotes ; on conçoit ainsi toute leur importance.

54. Leur tracé. — Les lignes de cotes constituent pour la représentation proprement dite une surcharge importante. Afin de conserver au dessin le plus possible de clarté, il importe de rejeter en principe ces cotes en dehors de lui.

On les trace donc extérieurement, au-dessus et parallèlement aux dimensions à indiquer, en les limitant par des lignes de rappel (*fig.* 148).

Il arrive souvent cependant que ces lignes de rappel constituent à leur tour, par leur longueur, une complication plus grande que celle résultant du tracé direct des cotes, sur le dessin : ne pas hésiter dans ces cas à les placer à l'intérieur du tracé (*fig.* 149 et 150).

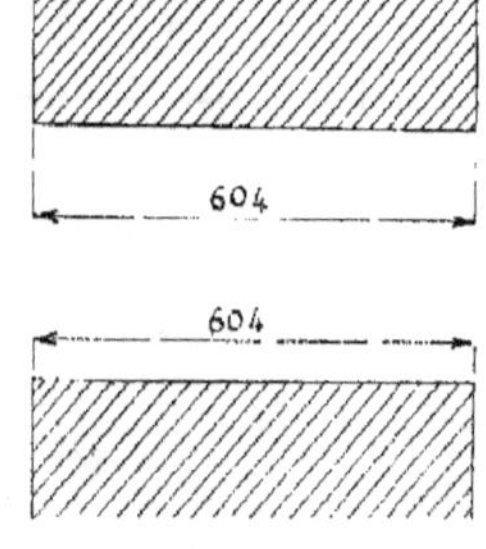

Fig. 148.

Enfin, pour éviter toute ambiguïté concernant les dimensions qu'elles indiquent on termine les lignes de cotes par des flèches toujours noires et pointues.

Ces flèches se feront plutôt pleines (*fig.* 151) que déliées (*fig.* 152).

Remarque. — *On ne devra jamais placer les lignes de cotes dans le prolongement de traits du dessin, comme il a été fait figure 153 ; les placer suivant figure 154.*

Les lignes de cotes et leurs rappels se tracent (*fig.* 155) :

Pour les dessins, en traits élémentaires fins et noirs, si le dessin est à l'encre noire, ou en traits continus fins et rouges si on emploie des encres de couleur.

Pour les croquis, en traits de crayon continus et fins si ces croquis sont entièrement au crayon ou en traits continus fins et rouges dans le cas d'emploi d'encres de couleur.

Les chiffres de cotes se placent au-dessus et au milieu de la ligne de cote horizontale, si elle n'est traversée par aucun axe de symétrie ; dans le cas contraire, il est préférable de les placer d'un seul côté de l'axe, le même pour toutes (*fig.* 157).

Ces chiffres, toujours noirs,

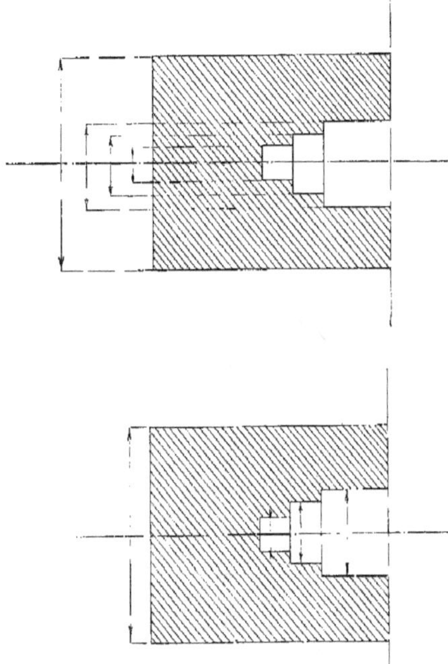

Fig. 149 et 150.

Fig. 151 et 152.

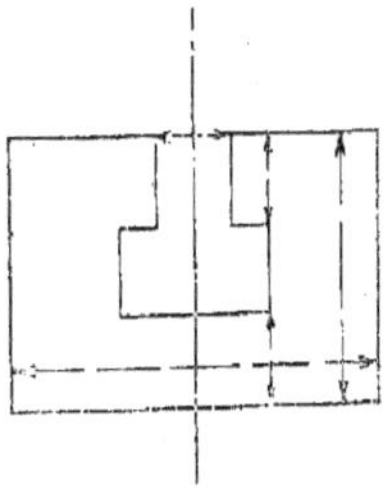

s'écrivent perpendiculairement à la direction de la ligne de cote et doivent être bien lisibles. Leur situation dans les différents cas est indiquée sur la figure 155.

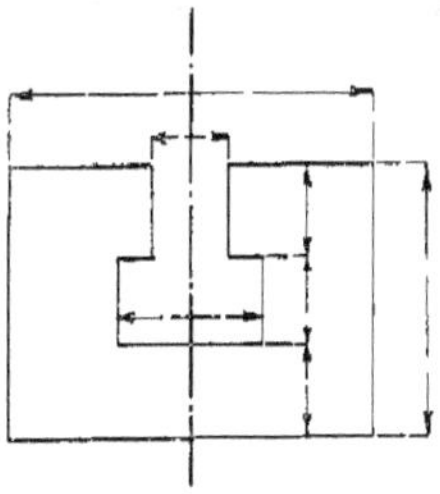

De cette disposition des chiffres, il résulte que lorsqu'on trace les lignes de cotes,

Fig. 153.   Fig. 154.

on doit ménager plus d'espace si la cote doit être écrite entre cette ligne et le dessin que si elle se trouve extérieure à la ligne de cote, par rapport au dessin (*fig.* 148).

55. Unité adoptée. — L'unité adoptée en mécanique, pour les cotes, est le millimètre ; cependant, au-dessus d'un mètre, il est préférable d'écrire le nombre de mètres suivi de la partie décimale, qui doit toujours comprendre trois chiffres (exemple : 1^m,650).

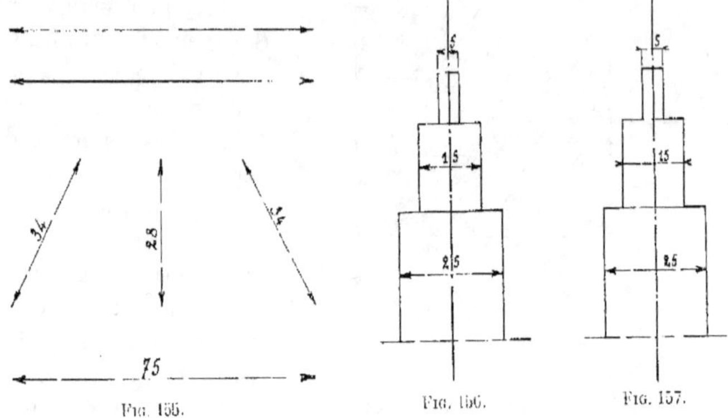

Fig. 155.   Fig. 156.   Fig. 157.

Lorsque les dimensions sont de l'ordre du dixième ou du centième de millimètre (pas des vis et jeux mécaniques), on les indique de préférence sous la forme fractionnaire :

$$\frac{2}{10}, \qquad \frac{75}{100}.$$

Souvent même, pour les pas de vis, on adopte implicitement le centième de millimètre pour unité, en écrivant :

$$\text{pas 75,} \qquad \text{pas 125.}$$

A moins de raison spéciale, il est recommandable d'exprimer les cotes, surtout celles symétriques par rapport à un axe, par des chiffres pairs, la division par 2 donnant un quotient entier qui facilite le traçage.

56. Cas particuliers. — Il arrive quelquefois qu'une ligne de cote est trop courte pour permettre l'inscription du chiffre de cote ; si cette ligne de cote est une ligne extrême, on opère comme indiqué figure 158 pour la cote 15.

Dans le cas où elle se trouve insérée dans une suite d'autres cotes, on procède comme il a été fait figure 168,

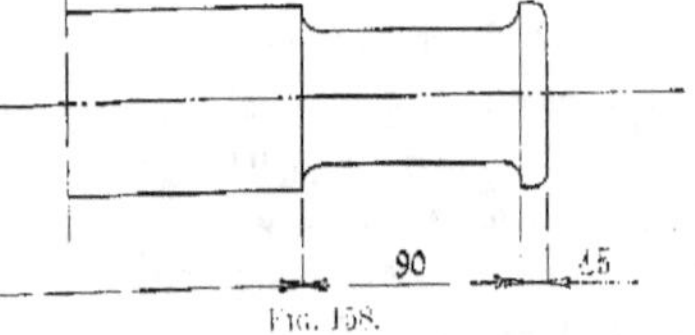

Fig. 158.

en supprimant au besoin les flèches que l'on remplace par des points.

Une catégorie de cotes très courante est celle relative aux circonférences et arcs de cercle.

Quand une circonférence est seule, on peut la coter suivant un de ses diamètres ; mais quand il y en a plusieurs concentriques, ce procédé n'est plus assez clair (*fig.* 159) et il faut opérer comme on l'a fait figure 160.

Sur cette figure les cotes sont étagées à partir de celle du plus petit diamètre, afin d'éviter les croisements qui résulteraient de la disposition inverse (*fig.* 161).

Quand on ne dispose pas, sur le papier, du centre d'un arc de cercle, ou qu'on ne peut tracer un rayon complet, on amorce le diamètre, ou le rayon, et on précise la cote en la précédant de la lettre D ou R, suivant qu'elle indique le diamètre ou le rayon (*fig.* 162).

Une double courbure se cotera suivant disposition de la figure 163.

Les cotes de niveaux se donnent par rapport à un niveau origine pris comme zéro. On les affecte du signe + ou du signe — (*fig.* 164,) suivant qu'elles indiquent un niveau situé au-dessus ou au-dessous du niveau origine. Pour

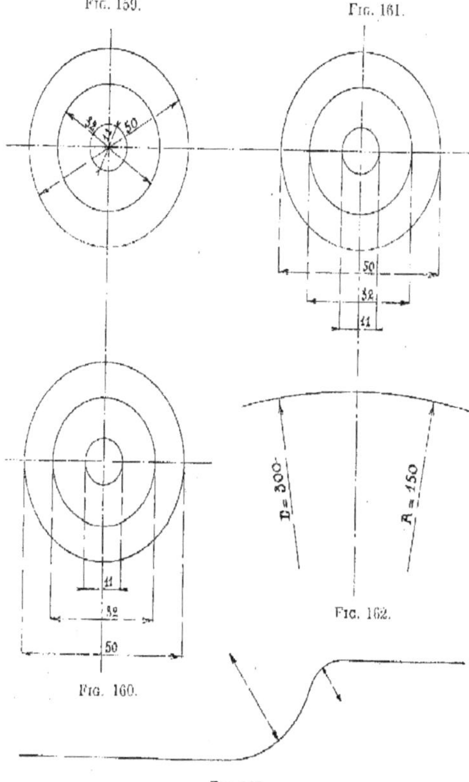

Fig. 159.

Fig. 161.

Fig. 162.

Fig. 160.

Fig. 163.

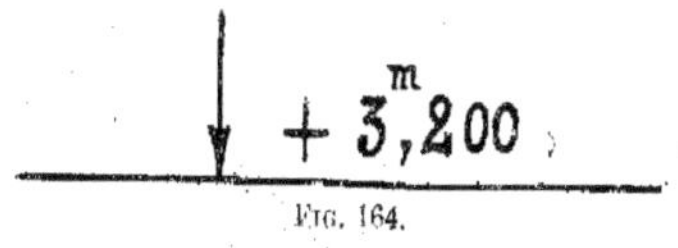

Fig. 164.

éviter toute erreur de lecture il est bon, en outre, de les faire précéder d'une petite flèche précisant nettement à quel trait se rapporte la cote indiquée.

Divers autres cas particuliers ont déjà été examinés dans le chapitre relatif aux représentations simplifiées (page 33).

57. Comment coter ? — Pour bien coter, on doit :

1° *N'oublier aucune cote ;*

2° *N'en mettre que le nombre strictement nécessaire ;*

3° *Les placer dans un ordre évitant tout calcul à l'ouvrier au cours de son travail ;*

4° *Ne pas faire d'erreurs.*

Pour atteindre ces résultats, il faut de la méthode et on se trouvera bien de suivre les règles ci-dessous :

PREMIÈRE RÈGLE. — *Quand un dessin comporte plusieurs pièces assemblées, on doit coter successivement chacune d'elles, comme si elle était dessinée seule.*

On conçoit, en effet, que chaque pièce devant être exécutée à part, le dessin devra donner directement toutes ses dimensions.

Les cotes ainsi placées sont appelées « cotes particulières ».

DEUXIÈME RÈGLE. — *Les diverses pièces constitutives d'un ensemble une fois cotées séparément, fixer leurs positions relatives par les cotes nécessaires.*

On appelle « cotes de montage » ces cotes de liaison.

Les difficultés se trouvent ainsi ramenées à deux :

Savoir coter une pièce donnée ;

Connaître quelles cotes sont nécessaires pour préciser les situations respectives de plusieurs pièces distinctes.

58. Coter une seule pièce. — La plupart des organes industriels sont de formes géométriques simples, ou sont constitués de parties ayant de telles formes. Ceci résulte en effet de ce qu'une exécution rapide et précise est obtenue à l'aide de machines-outils, machines dans lesquelles dominent des mouvements circulaires et rectilignes.

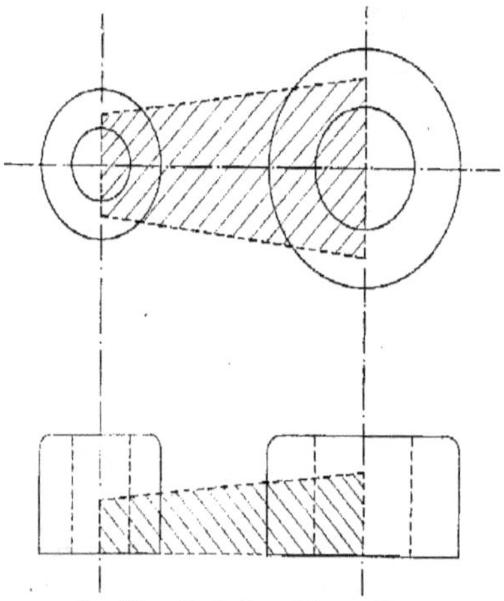

Pour coter ces organes, il suffit donc d'indiquer les dimensions caractérisant leurs formes simples, puis, ensuite, celles qui relient entre elles toutes ces formes élémentaires.

Ces cotes doivent, pour procéder méthodiquement, s'inscrire successivement suivant les trois dimensions, longueur, largeur, épaisseur.

FIG. 165. — Manivelle. — *Décomposition.*

Les formes géométriques se cotent naturellement par leurs dimensions géométriques :

Hauteur et diamètre pour un cylindre, un cône ;

Hauteur et diamètres des deux bases pour un tronc de cône ;

Longueur, largeur, hauteur pour un parallélipipède rectangle ;

Diamètre pour une sphère ;

Etc...

A titre d'exemple, considérons la manivelle représentée figure 165.

Cette manivelle peut être décomposée en deux cylindres percés de trous et réunis par une partie pleine.

La partie pleine est une portion de tronc de pyramide à bases rectangulaires ; nous la déterminerons aisément en la prolongeant conventionnellement, pour les besoins de la cause, jusqu'à ses rencontres avec les plans de symétrie des cylindres passant par les axes AB et CD, et perpendiculaires au plan du papier (*fig.* 166).

Pour coter cette manivelle, il suffira donc de coter séparément :

1° Les deux cylindres et leurs évidements ;

2° Le tronc de pyramide, en donnant les dimensions de ses rectangles de bases sur les plans de symétrie, et leur distance, qui est celle de ces plans.

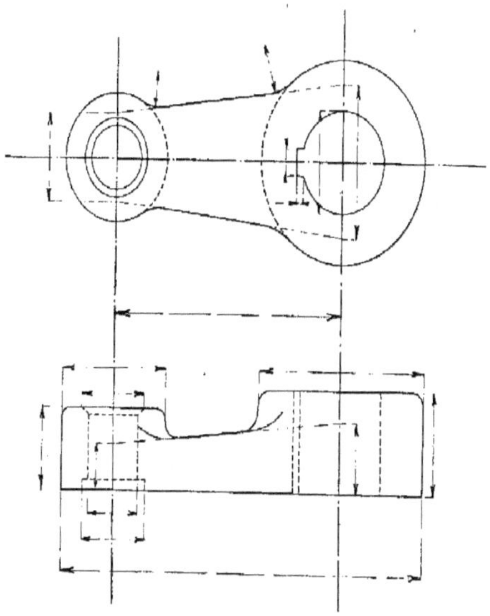

Les positions relatives des cylindres et de la partie pleine se trouvent être en même temps déterminées, l'axe horizontal leur étant commun et la hauteur du tronc de pyramide donnant la distance des axes des deux cylindres.

Il ne reste plus qu'à indiquer les rayons des principaux arrondis. Les plus petits d'entre eux ne sont généralement pas cotés, l'ouvrier sachant leur donner une valeur convenable.

Fig. 166. — Manivelle. — *Cotes.*

La cote d'axe en axe, qui indique le rayon de la manivelle, s'appelle « *cote caractéristique* ».

Il en est de même de la *hauteur de pointe* (H. de P.) pour un tour, *de l'alésage* pour un cylindre, etc. ; en un mot, de toutes les cotes caractérisant un organe.

Les cotes importantes doivent, comme celles de montage, être vérifiées avec un soin tout particulier. Pour les mettre en vedette, on les place plus en dehors de la représentation proprement dite que les autres cotes, et on les fait précéder de leur désignation.

OBSERVATION IMPORTANTE. — Nous avons dit plus haut que l'on doit toujours disposer les cotes en vue de l'usinage, en partant de ce principe que l'ouvrier ne doit jamais avoir à faire d'opérations sur ces cotes.

On ne saurait arriver complètement à ce résultat sans connaissances pratiques

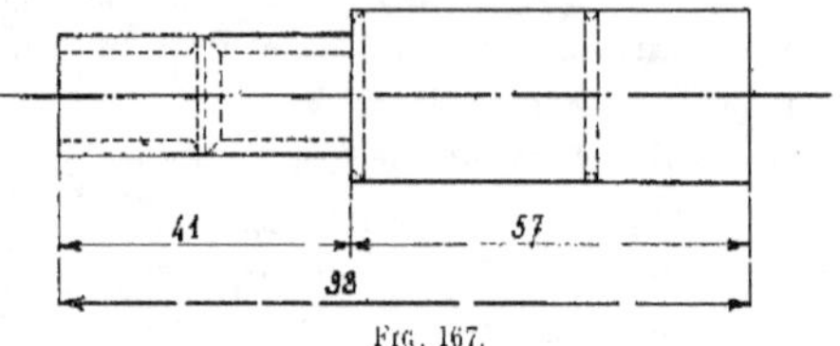

Fig. 167.

puisqu'il suppose, *a priori*, celles des procédés d'atelier, procédés variant d'ailleurs d'un atelier à l'autre suivant le matériel dont il dispose et ses méthodes de travail. A titre d'exemple simple, considérons l'axe de la figure 167.

Pour exécuter cet axe, l'ouvrier aura d'abord besoin de sa longueur totale et de son diamètre maximum (choix et coupure du morceau d'acier nécessaire) ; ensuite, la pièce mise sur le tour, il la décolletera suivant figure 168, ce qui nécessite les cotes partielles indiquées sur cette figure.

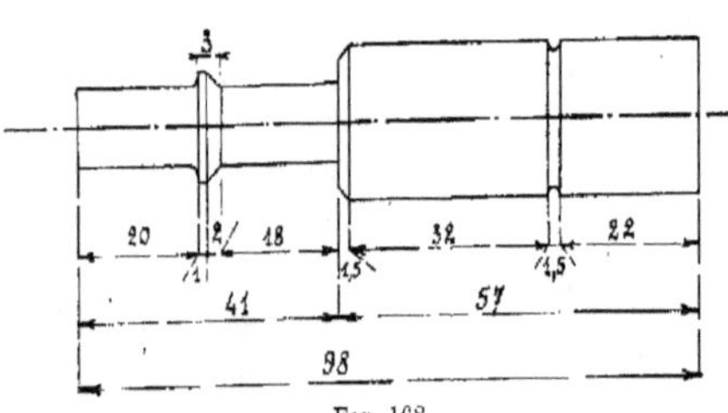

Fig. 168.

L'achèvement du travail se fera ensuite à l'aide des autres cotes de détail marquées sur la figure 168.

59. Coter un ensemble. — Il est rare qu'on ait à coter complètement un ensemble. En effet, le nombre de cotes à inscrire devient rapidement très grand et conduit à un manque de clarté dangereux.

D'autre part, à l'atelier, pour faciliter le travail de l'ouvrier, on aura à lui remettre le dessin particulier de la pièce qu'il devra exécuter ; on a donc tout intérêt, dans la plupart des cas, à renoncer à coter complètement les vues d'ensemble. Ces vues ne comporteront alors, comme cotes, que celles caractéristiques de montage et d'encombrement (*fig.* 169).

On ajoutera aux vues d'ensemble les dessins détaillés et complets de chaque groupe de pièces ou de chaque pièce constitutive (*fig.* 170).

Cependant lorsqu'un ensemble, par son peu de complication, sa grande échelle ou toute autre raison, permet l'inscription directe de toutes ses cotes, il suffit, pour les placer convenablement, de coter successivement et totalement chaque partie avant d'indiquer les cotes de montage.

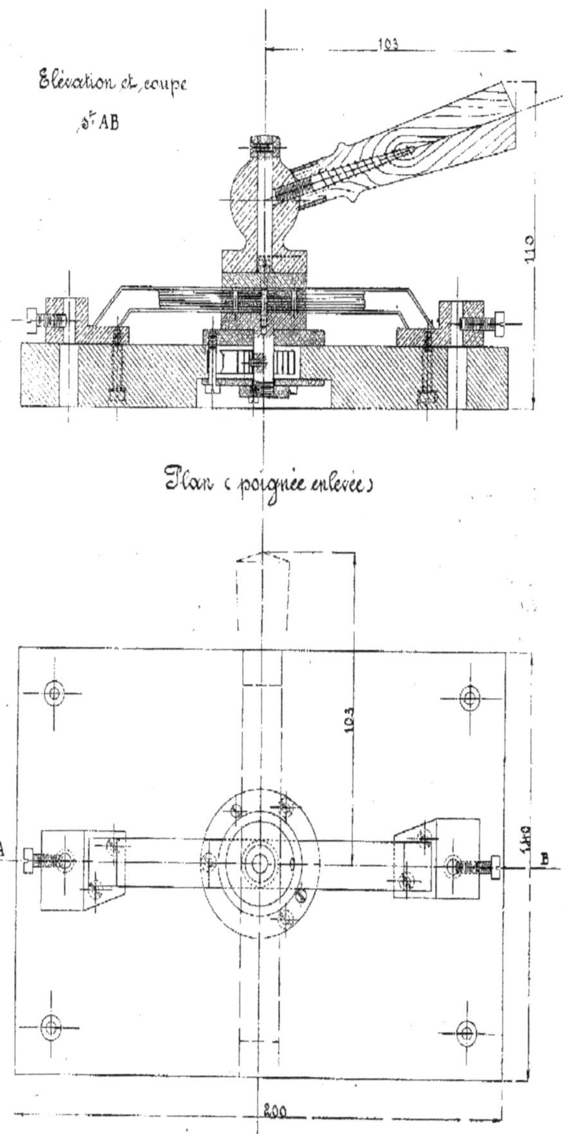

Fig. 160. — Interrupteur rotatif unipolaire. — *Ensemble.*

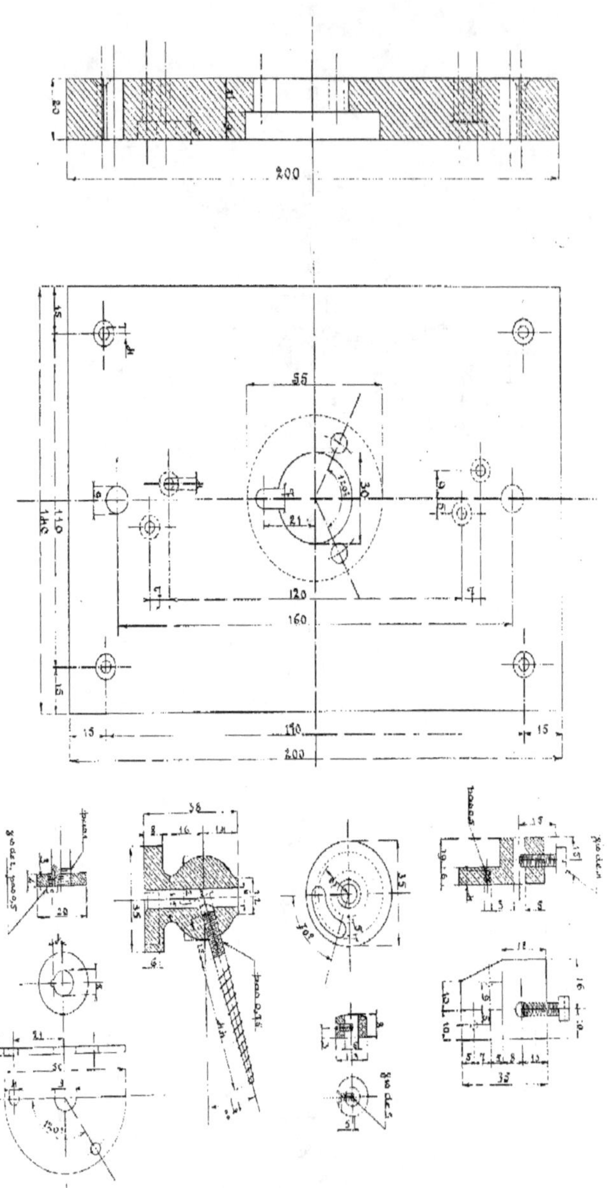

Fig. 170. — Interrupteur rotatif unipolaire. — *Détails.*

C'est pour ce dernier travail que se fait sentir, comme on a déjà pu le remarquer dans le cas de la manivelle, l'importance capitale des axes.

La plupart des organes de machines possèdent en effet des axes de symétrie auxquels se rapportent leurs cotes particulières.

Ces axes constituent donc en quelque sorte la *charpente du dessin* et, en les utilisant, peu de cotes suffisent pour relier le tout.

Très souvent d'ailleurs, le dessin suffit à lui seul à préciser la position de la plupart des pièces. C'est le cas de la figure 171 où la seule cote de montage nécessaire est la cote A.

60. Ce qu'il ne faut pas coter. — Nous indiquons ci-dessous les principales fautes qu'il ne faut pas commettre en en donnant les raisons :

1° *On ne doit pas coter une circonférence par son rayon ;*

En effet cette circonférence se rapporte, soit à un cylindre, soit à un trou cylindrique.

Si c'est une partie pleine, elle sera travaillée au tour (pour la fabrication du modèle, ou pour l'usinage) ; or, au tour, c'est le diamètre qui est accessible et c'est lui qu'on aura à mesurer. Si c'est un trou, il se fera à la mèche ou sur le tour ; la mèche à employer se désigne par son diamètre et, sur le tour, c'est encore le diamètre qui se mesure.

2° *On évitera de coter des distances variables*, les cotes B et C par exemple (*fig.* 171). La distance B d'un chapeau de presse-étoupe au fond de l'évidement dépend en effet du degré de serrage, et ne saurait être précisée sur un dessin ; il en est de même pour la cote C. Cette der-

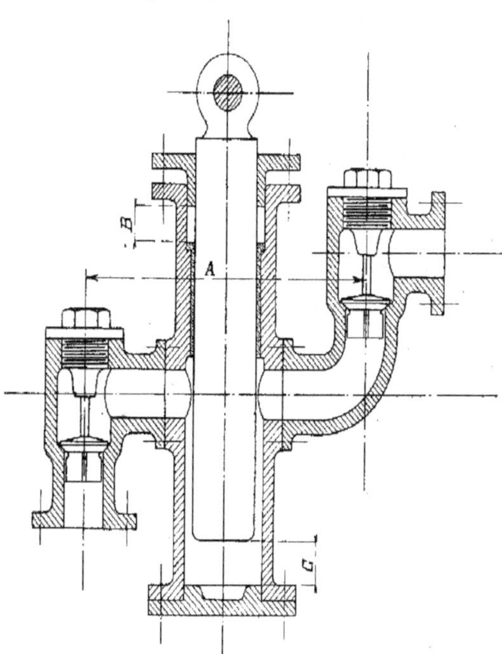

Fig. 171. — Pompe aspirante et foulante.

nière cote pourrait cependant se justifier, par exemple en précisant qu'elle indique la distance minimum prévue au-dessous du piston à fond de course, mais seulement sous cette réserve.

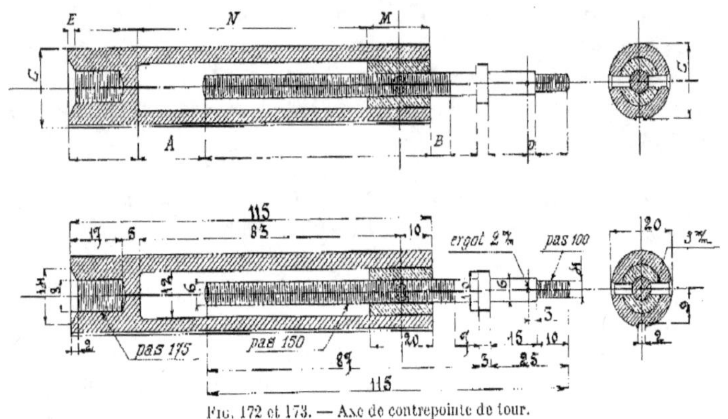
Fig. 172 et 173. — Axe de contrepointe de tour.

3° *Ne pas coter davantage à la suite les unes des autres des distances se rapportant à des pièces différentes, telles que les cotes A et B (fig. 172), ou encore à des contours différents d'une même pièce (fig. 174)* ; sur cette figure, la ligne de cote A est mauvaise, les lignes B sont bonnes.

·Sur la figure 172 :

Les cotes A et B donnent des dimensions fixes à des distances variables.

La cote C n'indique pas exactement le diamètre, comme on le voit aisément sur le profil ; sa dimension est donc sans intérêt.

La cote D doit être placée seule, comme sur la figure 173, de manière à permettre de donner, par une seule cote, la longueur de la partie lisse.

La cote E est mauvaise pour une raison identique ;

La cote M se rapporte à l'écrou en bronze, pièce distincte du cylindre en fonte, et doit, par suite, être mise à part.

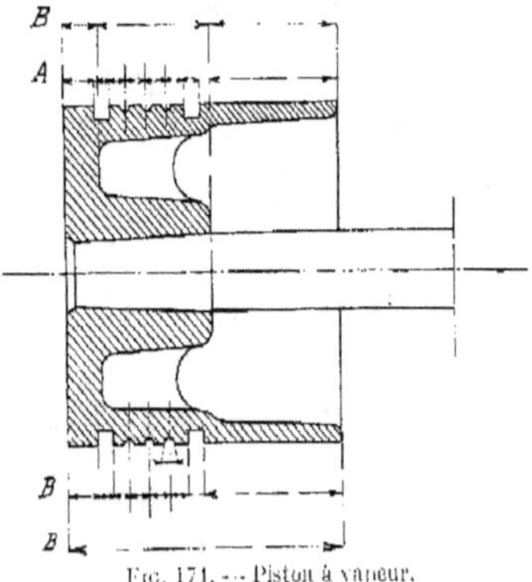
Fig. 174. — Piston à vapeur.

On voit d'ailleurs aisément que la cote N ne détermine rien en ce qui concerne le cylindre en fonte.

4° *Ne pas coter les intersections du genre de celles AB, CD, EF, MN des figures 175 et 176.*

Ces intersections de solides géométriques ont leurs formes définies par celles des solides qui leur donnent naissance ; elles se tracent par points en s'aidant des principes de la géométrie descriptive.

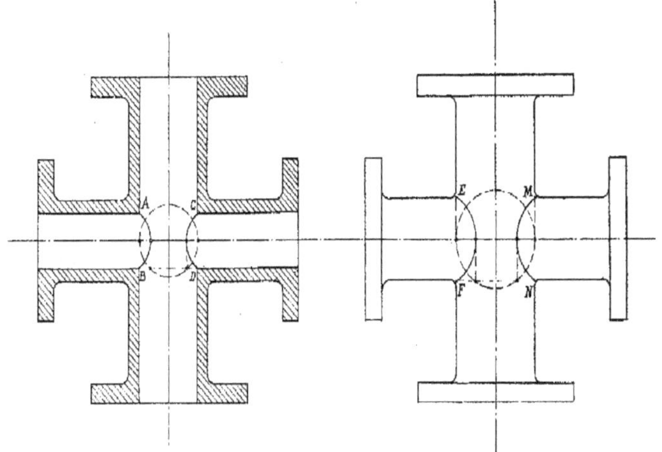

Fig. 175. — Intersections.

Fig. 176. — Intersections.

On doit les considérer comme des résultantes d'usinage échappant au contrôle de l'ouvrier ; leur seul intérêt est alors d'aider à la lecture des dessins ([1]).

On les trace dans un but de clarté alors même que des arrondis de faible diamètre les suppriment en réalité, comme l'indique la figure 176.

Par mesure de simplification, le tracé exact, assez long et la plupart du temps sans intérêt, est remplacé par des arcs de cercle dont on détermine trois points.

C'est de cette manière qu'il a été opéré pour les figures 175 et 176; on peut, d'ailleurs, voir en traits élémentaires, sur ces figures, comment ont été obtenus les sommets des arcs de

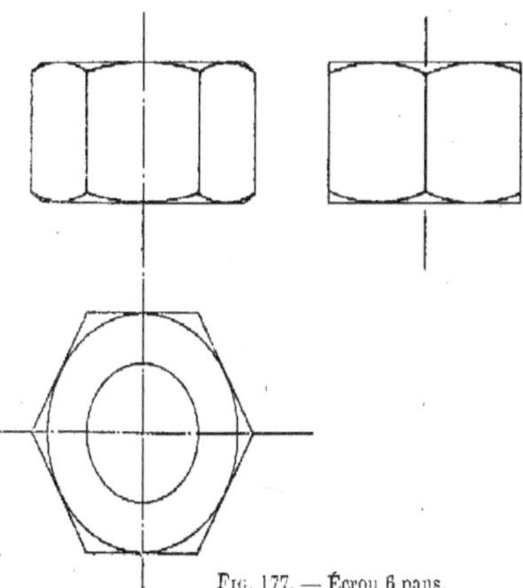

Fig. 177. — Écrou 6 pans.

([1]) Il est cependant des cas où ces intersections doivent être tracées par l'ouvrier. Ceci arrive notamment en chaudronnerie quand on a assembler des parties cylindriques (jambettes de chaudière, dômes de prise de vapeur, etc.). Dans ces cas, les dessins doivent donner le développement grandeur nature de ces courbes d'intersection.

cercle (ces traits élémentaires ne doivent naturellement pas figurer sur le dessin terminé).

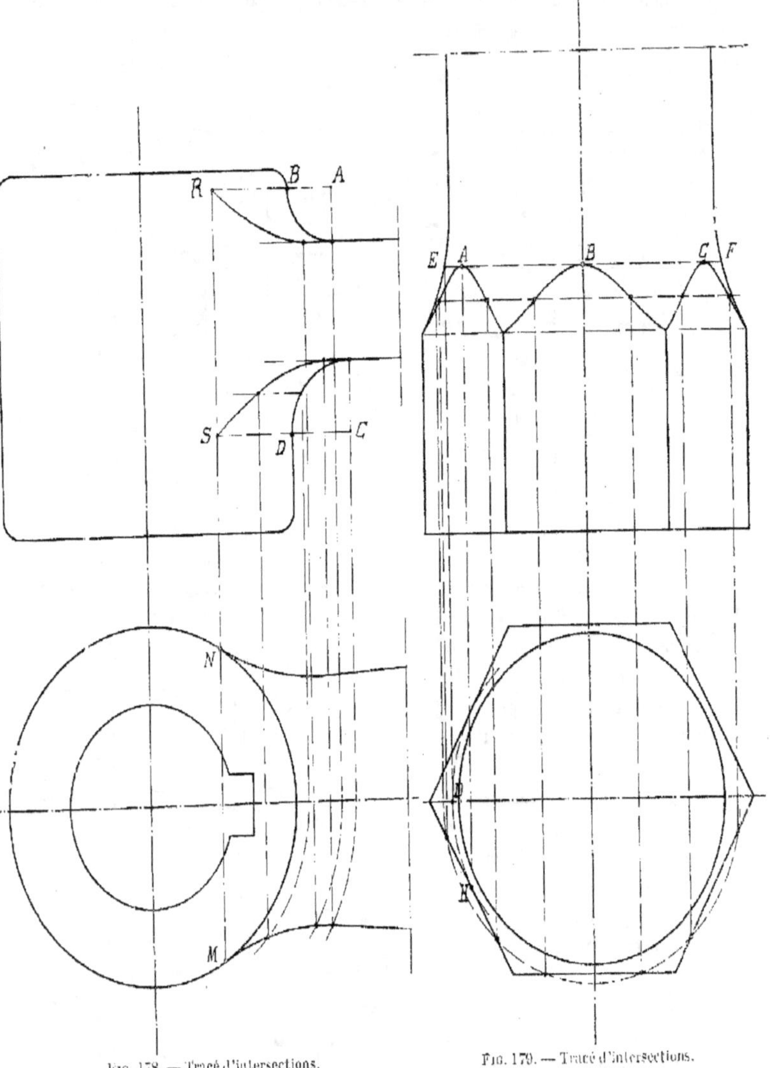

FIG. 178. — Tracé d'intersections.   FIG. 179. — Tracé d'intersections.

Un organe bien connu en mécanique et comportant des intersections de ce genre est l'écrou (*fig.* 177).

Le prisme hexagonal qui le compose est chanfreiné, en haut et en bas, par un cône ; ce cône, coupé par les faces de l'écrou, c'est-à-dire par des plans parallèles à son axe, détermine sur ces plans des arcs d'hyperboles se projetant, celui de face en vraie grandeur, ses voisins obliquement, suivant de nouveaux arcs d'hyperboles.

Ces arcs d'hyperboles se remplacent en dessin par des arcs de cercle comme nous l'avons déjà expliqué (§ 42).

Deux autres cas du même genre sont traités sur les figures 178 et 179.

On y a fait figurer le tracé de quelques points des courbes d'intersection. Industriellement on se contente en général de déterminer les points extrêmes ou particuliers, le reste se traçant au jugé.

Ces points particuliers s'obtiennent très facilement.

Sur la figure 178 par exemple, on aura les points extrêmes R et S en traçant les lignes AB, CD, MN passant par les points de tangence des arcs de cercle, jusqu'à leurs rencontres en R et en S.

Pour avoir les points supérieurs A, B, C des intersections de la figure 179, il suffit :

1º De tracer le cercle inscrit dans l'hexagone jusqu'à sa rencontre en D avec l'axe horizontal ;

2º De mener une ligne de rappel verticale DE jusqu'à sa rencontre en E avec le contour du solide ;

3º De tracer l'horizontale EF.

Les points A, B et C seront aux points de rencontre de la droite EF et des axes de symétrie des faces du prisme.

61. Formes spéciales. — Les facilités d'usinage conduisent à donner aux organes de machines des formes géométriques aussi simples que possible, simplifiant ainsi la question des cotes.

Il arrive cependant que l'on soit obligé de recourir à des surfaces de formes difficiles à définir. Le plus simple est alors de les déterminer par un tracé spécial, grandeur nature, qui permettra le relevé de gabarits guidant l'exécution.

62. Vérifications. — La mise en place des cotes terminée, il importe de vérifier minutieusement :

1º *Qu'il n'en manque aucune ;*

2º *Qu'une même dimension ne porte pas deux cotes différentes sur deux vues distinctes ;*

3º *Que les cotes formant addition partielle ou totale ne comportent pas d'erreurs ;*

4º *Que les cotes caractéristiques ou de montage sont en place, exactes et bien lisibles.*

Ce contrôle se fait aisément et sûrement en procédant pièce par pièce, et en soulignant d'un trait de crayon toute cote vérifiée.

X. — Indications complémentaires

63. Leur but. — La représentation d'un organe de machine, obtenue comme il a été dit précédemment, ne répond pas à la totalité des besoins industriels ; il faut lui ajouter diverses indications techniques et administratives.

Ces indications étant en partie variables suivant les habitudes et l'organisation des maisons de construction, nous ne parlerons ici que des principales d'entre elles parmi lesquelles nous citerons :

Une nomenclature des pièces ;

Certaines précisions que ne peut fournir le dessin seul ;

Les titres et inscriptions diverses.

64. Nomenclature. — Comme nous l'avons vu (§ 25), les hachures et teintes conventionnelles ne peuvent être considérées comme des documents suffisamment sûrs pour caractériser la nature des matériaux ; d'autre part certaines pièces ne comportent pas de coupes. Il est donc nécessaire d'adjoindre au dessin un tableau ou nomenclature indiquant, pour chacune d'elles, la nature de la matière qui la compose.

Pour atteindre ce but on place sur chaque pièce une lettre repère, lettre reproduite dans la nomenclature. Enfin il est intéressant d'inscrire dans la nomenclature le nombre de pièces identiques que comporte l'ensemble à exécuter.

On obtient ainsi un tableau du genre de celui ci-dessous qui se rapporte à la figure 180.

A	1	Fer à U de 60 × 30 × 6, longueur 420	Fer
B	2	Calottes de scellement	Fonte
C	2	Isolateurs	Porcelaine
D	2	Tiges à scellement	Fer galvanisé
E	1	Chape d'articulation	Laiton
F	1	Chape ordinaire	Laiton
G	1	Anneau fondu	Laiton
H	1	Barre 28 × 5, longueur 420	Cuivre rouge
	4	Vis de 8 tête 6 pans	Laiton
	1	Boulon de 7 d'articulation	Laiton
	2	Rondelles fendues	Laiton
	4	Vis de 8 tête fraisée	Fer
	1	Ressort d'arrêt	Acier

65. Indications d'usinage. — Le dessin ne peut tout indiquer.

Considérons par exemple le cas d'un cylindre monté sur un arbre. Ce cylindre peut être assemblé avec l'arbre de plusieurs manières :

Avec jeu ;

Sans jeu ou à frottement doux ;

A chaud ;

A la presse.

Quelques centièmes de millimètre suffisent pour passer d'un mode d'assemblage

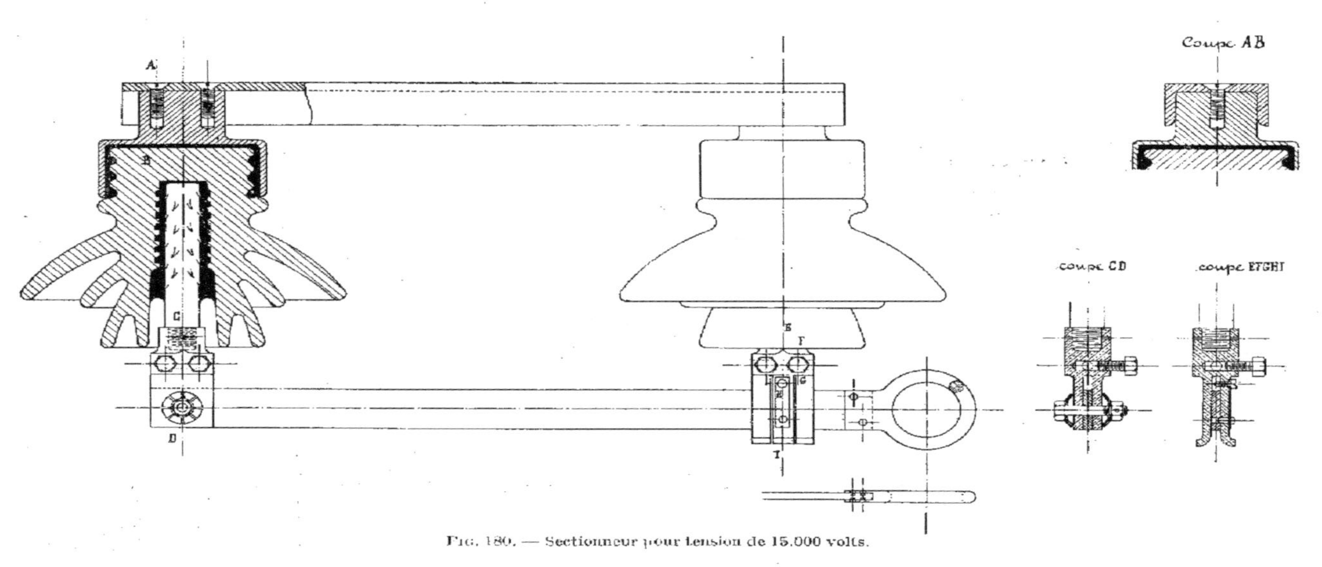

Fig. 180. — Sectionneur pour tension de 15.000 volts.

à un autre. D'aussi faibles différences ne peuvent se représenter sur un dessin, d'où la nécessité d'indications complémentaires.

La mention « avec jeu » indiquera que les pièces doivent se monter librement. La valeur du jeu à ménager, exprimée en centièmes de millimètre, pourra être portée sous forme d'un exposant négatif dont sera affectée la cote d'alésage. Cet exposant dira de combien de centièmes le diamètre de l'arbre devra être inférieur à celui de l'alésage effectué, lui, à la cote marquée (*fig.* 181).

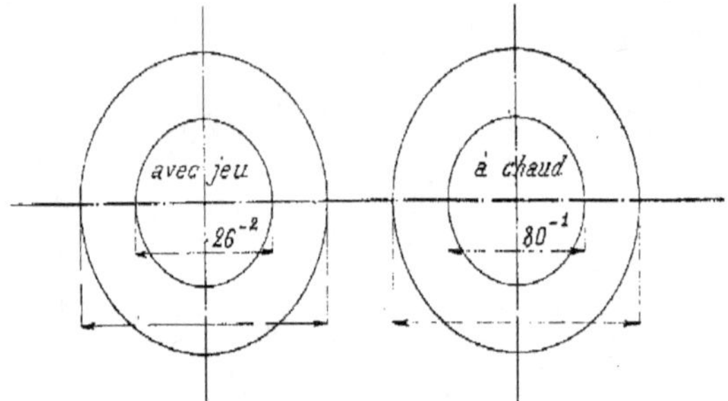

Fig. 181 et 182. — Indications d'usinage.

La mention « sans jeu » exigera un montage bien ajusté, mais sans effort.

« A force » précisera qu'il faut frapper.

« A chaud » se rapportera au cas où la pièce alésée doit être chauffée pour permettre le montage. Dans ce cas un exposant négatif indiquera de combien de centièmes le diamètre d'alésage devra être inférieur à celui de tournage de l'arbre, ce dernier étant fixé par la cote (*fig.* 182).

« A la presse » est comparable à « à chaud », mais ici c'est le diamètre de tournage qui est supérieur, de la valeur de l'exposant positif, au diamètre d'alésage du cylindre.

Ce n'est que lorsque la différence des cotes atteint 1 millimètre qu'il est à conseiller de tracer deux traits distincts et d'indiquer deux cotes.

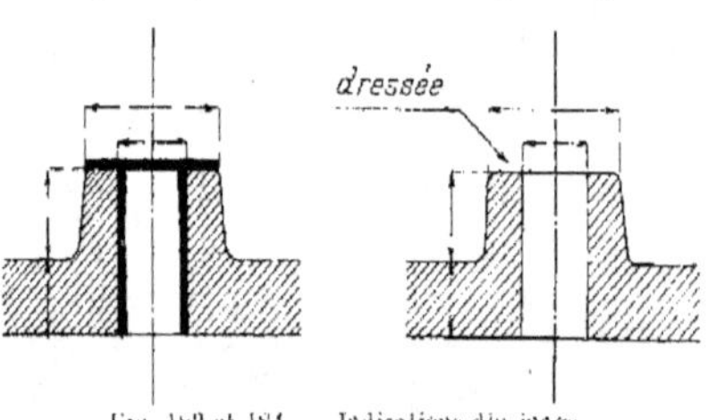

Fig. 183 et 184. — Indications d'usinage.

Enfin il importe de différencier les faces qui devront être travaillées de celles qui resteront brutes de forge ou de fonderie.

Deux procédés peuvent être employés.

On peut :

1º *Tracer, à l'extérieur de la matière, un trait rouge* [1] *le long des traits du dessin qui représentent les projections des faces à travailler* (*fig.* 183) ;

[1] Ce trait rouge est remplacé sur la figure 183 par un fort trait noir.

2° *Écrire les indications nécessaires* (*fig.* 184) : *brute d'outil, parfaitement dressée, rectifiée, polie, meulée, etc.*

Ces précisions sont indispensables pour deux raisons : d'abord parce qu'elles évitent toute demande d'explications de la part de l'atelier, ensuite parce qu'elles indiquent au modeleur ou au forgeron de faire venir, aux endroits ultérieurement travaillés de la pièce, une surépaisseur de matière. Cette surépaisseur est nécessaire pour permettre de travailler la pièce tout en lui laissant, une fois terminée, les cotes du dessin.

66. Profilés. — En charpente métallique, et dans tous les cas où l'on emploie des fers profilés, on complète la représentation par des indications donnant la nature du profilé et ses dimensions caractéristiques (§ 49).

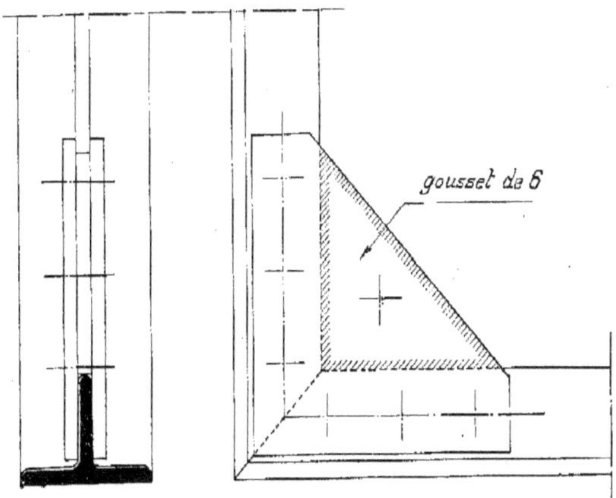

Fig. 185. — Assemblage de fers à T.

De plus, pour éviter toute erreur de lecture, notamment dans le cas des fourrures et goussets, il est prudent, s'il peut y avoir doute, de border de hachures les contours à préciser (*fig.* 185).

Les mêmes précautions doivent être prises en vue de différencier deux pièces au contact qui pourraient être considérées comme n'en formant qu'une seule (*fig.* 186).

67. Teintes. — Lorsqu'une maison ne doit fournir qu'une partie du matériel figurant sur un dessin d'ensemble envoyé à un client, il est très important que la fourniture incombant à cette maison soit nettement délimitée pour éviter toute contestation ultérieure. Prenons le cas d'une installation de turbine à vapeur et supposons que la tuyauterie et la robinetterie ne soient pas fournies par le constructeur de la turbine. Sur le plan d'ensemble on teintera, en jaune par exemple, toute la tuyauterie et la robinetterie faisant partie de la fourniture qui se trouve ainsi nettement précisée, et on indiquera cette teinte dans la correspondance.

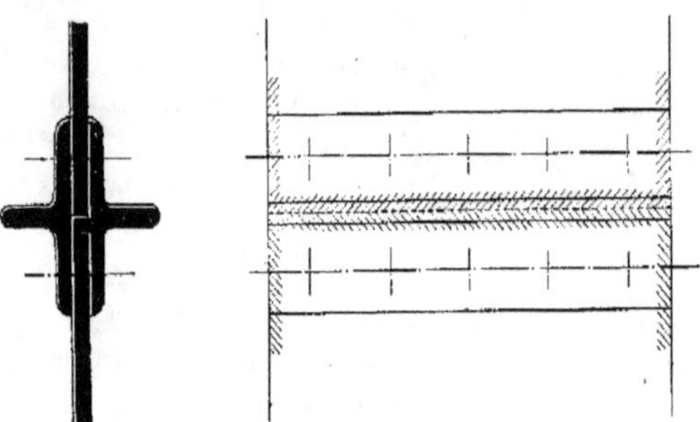

Fig. 186. — Assemblage de tôles.

Enfin les bleus de montage de tuyauteries diverses remis aux chefs monteurs devront être teintés (vapeur et purges en rouge, eau en jaune) pour éviter toute chance d'erreur.

XI. - Titres et inscriptions diverses

68. Titres. — Ils doivent comprendre successivement, à partir de la partie supérieure du dessin :

1º *La désignation et souvent les caractéristiques principales du matériel dont ce dessin fait partie.*

Exemple :

TOUR DE PRÉCISION DE 150 DE H de P.

2º *Le nom d'ensemble de la partie de ce matériel que représente ce dessin.*

Exemple dans le cas du tour :

Chariots

3º *Si ce dessin comprend à lui seul plusieurs organes, les noms de ces divers organes placés au-dessus de l'élévation de chacun d'eux.*

Dans le cas des chariots, il y aura par exemple :

Support du chariot, vis de commande, contreplaque de serrage de l'outil, etc...

Il y a dans le choix judicieux des dimensions et de l'emplacement de ces écritures une question de goût, goût que tout dessinateur doit s'efforcer d'acquérir.

Il résulte, en effet, de l'heureuse disposition de ces indications une meilleure apparence du dessin et un complément de clarté.

69. Inscriptions diverses. — Ces inscriptions complémentaires sont d'ordre administratif et obtenues directement à l'aide de dispositifs spéciaux dont nous parlerons dans le chapitre traitant de la réalisation matérielle des dessins.

TROISIÈME PARTIE

EXÉCUTION DES CROQUIS ET DESSINS

XII. — Outillage du tracé

70. Généralités. — La réalisation matérielle des croquis et dessins, basée sur les conventions énumérées dans les précédents chapitres, exige que l'on possède :

1º Une surface plane destinée à recevoir le tracé ;

2º Des instruments permettant ce tracé ;

3º Un matériel pour l'exécution des teintes ;

4º Un matériel pour le relevé des cotes ;

5º Un matériel de correction et de nettoyage.

Nous allons passer successivement en revue ces diverses catégories de matériel.

71. Surface plane. — Ce sera une feuille de papier à dessin. Sa qualité variera suivant qu'il s'agit de dessin au crayon ou à l'encre.

Pour les études, on utilisera avantageusement les papiers bulle de couleur jaune et d'un prix moins élevé que les papiers blancs ([1]).

Ces derniers, réservés aux cas de dessins très soignés, livrés au crayon ou à l'encre, doivent être d'une marque connue (Canson, Whatman, d'Arches, etc.).

Tous ces papiers se trouvent dans le commerce, soit sous forme courante de rouleaux de $1^m,500$ de hauteur et de 10 mètres de longueur, soit en feuilles dont les formats les plus utilisés sont les suivants :

Formats	Dimension en centimètres.
Grand aigle	102×70
Demi-grand aigle	70×51
Quart grand aigle	51×35
Huitième grand aigle	$35 \times 25,5$

En coupant les rouleaux de $1^m,500$ par le milieu, à la scie à ruban, ou, à son défaut, à la scie à métaux, on obtient deux demi-rouleaux de $0^m,750$. En tenant

---

([1]) Il est à conseiller, pour l'emploi de ces papiers minces, de disposer entre eux et la planche à dessin une feuille de même nature qui servira à atténuer les rugosités du bois.

compte de ce que les bords peuvent être abîmés, on arrive à la dimension de 0^m,700 qui rentre dans le format grand aigle.

Il est très important, au point de vue de l'organisation rationnelle d'un bureau de dessin, de ne pas faire usage d'autres formats que ceux indiqués ci-dessus.

Les calques auront les mêmes dimensions que les dessins, et, par suite, les appareils pour la reproduction photographique devront être choisis pour ces formats.

Le choix de la dimension à adopter résulte de la grandeur réelle de l'objet à représenter et de sa complication qui fixent l'échelle, et par suite l'encombrement approximatif des vues nécessaires.

La face à employer est celle qui permet de lire par transparence les mots inscrits dans la pâte. On peut aussi la reconnaître en regardant le grain du papier. Le mauvais côté est celui où l'on aperçoit un quadrillage très fin.

72. Table à dessin. — La feuille de papier ne saurait être employée seule ; pour la maintenir plane et stable, il est indispensable de la fixer sur une table ou sur une planchette à dessin qui permet, en outre, l'emploi du té.

La figure 187 représente un modèle industriel pratique de table à dessin.

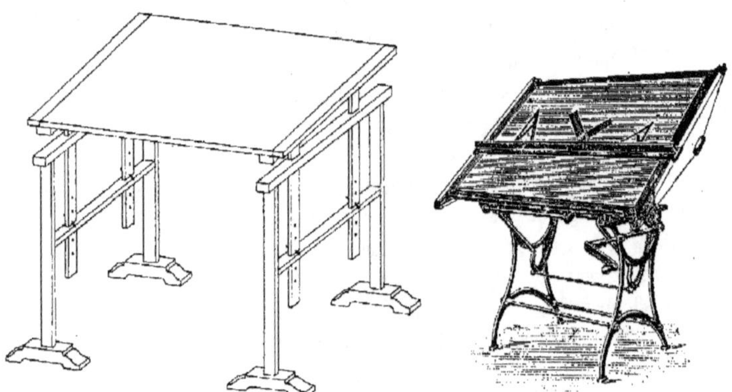

Fig. 187. — Table à tréteaux. Fig. 188. — Table à dessin « La Parfaite ».

Comme on le voit sur la figure, cette table repose sur deux tréteaux de hauteur et d'inclinaison réglables.

Un modèle plus perfectionné, mais aussi beaucoup plus coûteux, est représenté par la figure 188.

Cette table, comme la précédente, est à inclinaison et hauteur variables, mais ici les déplacements, dus à des mouvements continus, sont instantanés et doux.

La planchette possède une règle à déplacements rigoureusement parallèles. Cette règle équilibrée est, de plus, orientable suivant une direction donnée et supprime le té.

La figure 189 montre le dispositif de guidage et d'équilibrage de la règle.

Cette règle R est équilibrée au moyen de deux contrepoids A et B suspendus à des câbles s'attachant aux points C et D et passant sur des galets très mobiles P et H.

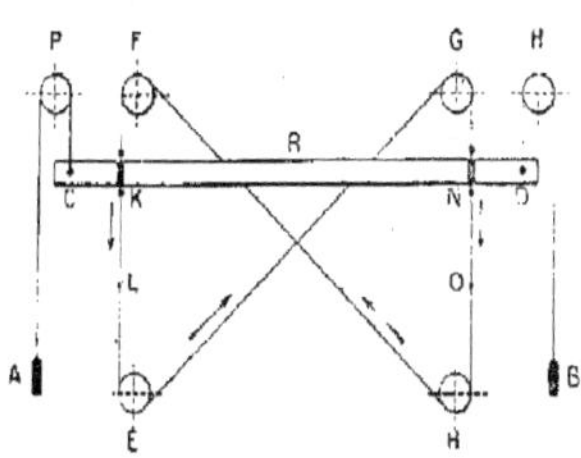

Fig. 189. — Dispositif de guidage et d'équilibrage de la règle.

Dans ces conditions, son poids est pratiquement négligeable.

Le déplacement parallèle est obtenu de la manière suivante :

La règle R est suspendue à un câble sans fin passant sur quatre galets E, F, G, H, par l'intermédiaire de deux petits tendeurs K, N à vis et boulons molletés qui permettent de donner aux câbles une tension convenable, quelles que soient les variations hygrométriques.

Supposons que nous opérions une traction de haut en bas sur le point K du câble de gauche de façon qu'il vienne en L, et que KL = 10 centimètres par exemple. Il est clair que tous les points du câble vont se déplacer de 10 centimètres et, en particulier, le point N, qui viendra en O.

Les deux points K et N se seront donc déplacés dans le même sens, ainsi que le montrent les flèches, de quantités rigoureusement égales.

Le parallélisme des déplacements de la règle découle forcément des déplacements égaux de ses deux extrémités K et N.

73. Planchette à dessin. — Dans les écoles, ou quand il s'agit de dessins de petit format à travail soigné, on fait usage de planchettes.

Leur inclinaison, par rapport à la table sur laquelle elles s'appuient, peut être réglée par un trèfle (*fig.* 190).

Un modèle de planchette très commode est celui à rainures du genre de la figure 191.

Cette disposition permet d'obtenir par mouillage de la feuille, comme nous l'indiquerons plus loin, une surface bien tendue, et en même temps d'éviter l'emploi des punaises dont les têtes, formant saillie, gênent quelquefois les déplacements des tés et équerres. La fixation par punaises risque en outre de déchirer le papier,

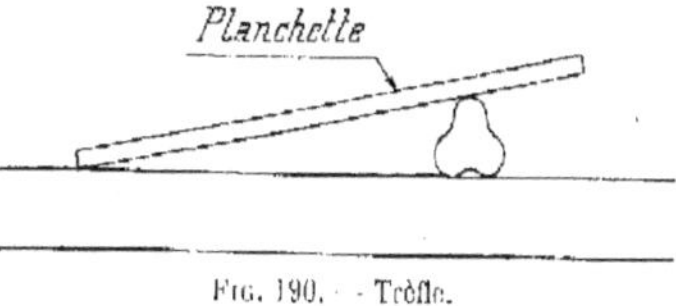

Fig. 190. — Trèfle.

d'où de légers déplacements possibles au cours du travail et une diminution de la précision du tracé.

En vue d'éviter ce dernier inconvénient, il est à conseiller, quand on fait usage de punaises, de les bien enfoncer pour obtenir un bon serrage.

Pour tendre le papier, en se servant des rainures, on opère comme suit :

La feuille, mouillée à l'éponge, se détend et ses dimensions augmentent ; on l'emprisonne alors à l'aide des baguettes de fixation. En séchant, elle se rétrécit ; mais, solidement maintenue par les bords, elle ne peut le faire qu'en se tendant fortement, évitant ainsi toute boursouflure du papier, résultat précieux pour la précision du tracé.

Le mouillage de la feuille ne doit pas se faire d'une manière quelconque si on veut obtenir une tension uniforme.

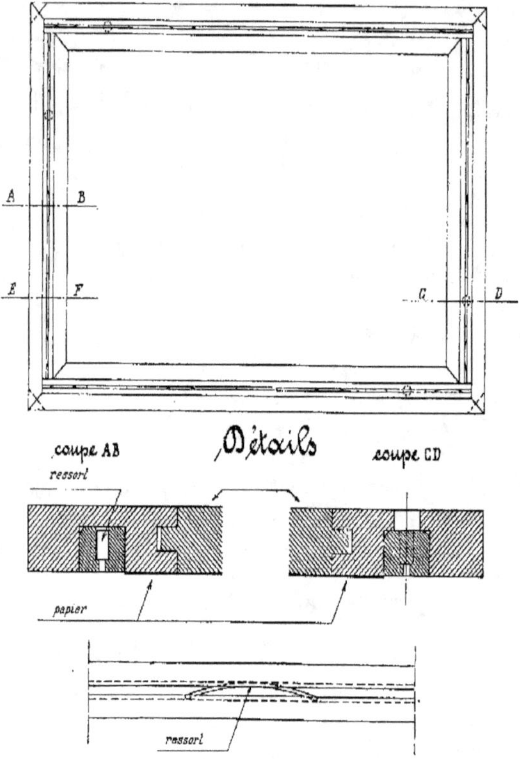

Fig. 191. — Planchette à rainures.

On commence par la placer *à l'envers* sur la planchette ; puis, à l'aide d'une éponge légèrement imbibée d'eau, on mouille successivement chaque région en suivant l'ordre des chiffres et le sens des flèches marqués sur la figure 192.

Après avoir bien mouillé 1, attendre une demi-minute environ avant de continuer par 2, 3, 4, 5, puis encore une demi-minute pour passer à 6, 7, 8 et 9. Ces dernières parties devront se faire avec très peu d'eau dans l'éponge.

Éviter un séchage trop rapide (en plein soleil ou près d'un foyer) ; il pourrait en résulter la déchirure du papier.

Pour les croquis on se sert du même papier que pour les dessins au crayon, ou, mieux encore, de cahiers de croquis du commerce qui permettent plus aisément de les conserver.

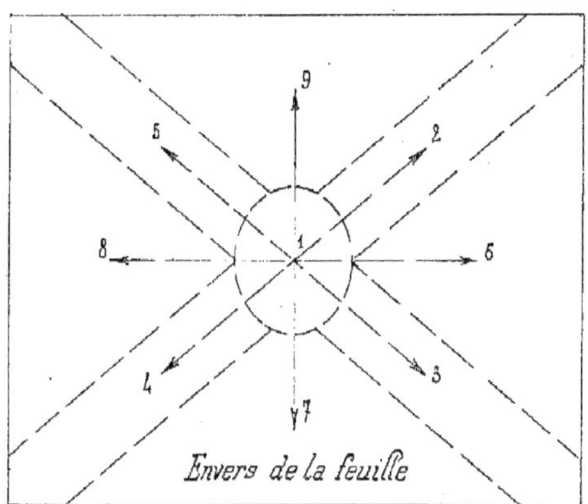

Fig. 192. — Mouillage de la feuille.

74. Instruments du tracé. — Ce sont :

Les crayons ;
Les encres ;
Les tés ;
Les règles ;
Les équerres ;
Les pistolets ;
Les compas.

75. Crayons. — Les prendre d'une bonne marque : Gilbert, Conté, etc... Il existe pour chaque marque une série de qualités dont la dureté va en croissant avec le numéro qu'ils portent.

Pratiquement le numéro 2 peut être considéré comme très mou, il nécessite un affûtage fréquent, mais a, par contre, l'avantage de fournir un trait bien noir.

Nous le conseillons pour le croquis et pour la mise au net de dessins destinés à rester au crayon.

Pour les autres tracés on fait plutôt usage des numéros 3 et 4 ; au-dessus, les mines sont trop dures et rayent le papier.

Le porte-mines présente des avantages et des inconvénients ; il donne un crayon de longueur constante et évite d'avoir à tailler le bois entourant la mine ; de plus, sa forme hexagonale le met bien en main ; par contre, la mine finit à la longue par glisser.

Les croquis nécessitant une pression du crayon plus énergique que les dessins, ce fait se produit surtout dans leur exécution ; aussi conseillons-nous d'employer de préférence les crayons pour les croquis et les porte-mines pour les dessins.

La taille de la mine a une grande importance en dessin et on n'y attache souvent qu'une attention insuffisante. Elle devra être plus allongée pour le dessin que pour le croquis, ayant besoin d'une solidité moindre et devant, d'autre part, pouvoir suivre exactement la règle.

Il est à conseiller d'avoir un canif bien aiguisé pour la taille des crayons et d'éviter surtout de se servir, pour cet usage, des grattoirs qui sont alors rapidement mis hors d'usage.

L'affûtage de la mine proprement dite doit se faire, non au canif, mais à l'aide d'une lime de dessinateur, généralement à deux tailles, l'une forte et l'autre très fine destinée à donner le fini désirable (*fig.* 193).

On doit frotter la mine, tout en faisant tourner le crayon entre les doigts.

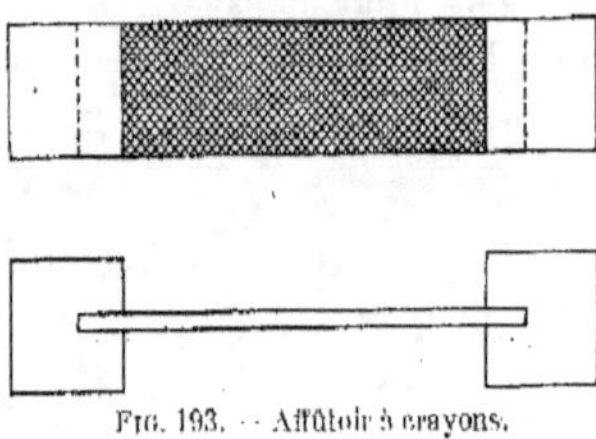

Fig. 193. — Affûtoir à crayons.

76. Position du crayon. — La figure 194 indique la position que doit occuper le crayon pendant le travail en vue d'obtenir des lignes bien droites. Il est aisé de concevoir que lorsque la pointe du crayon se trouve écartée de la règle (*fig.* 195), cet

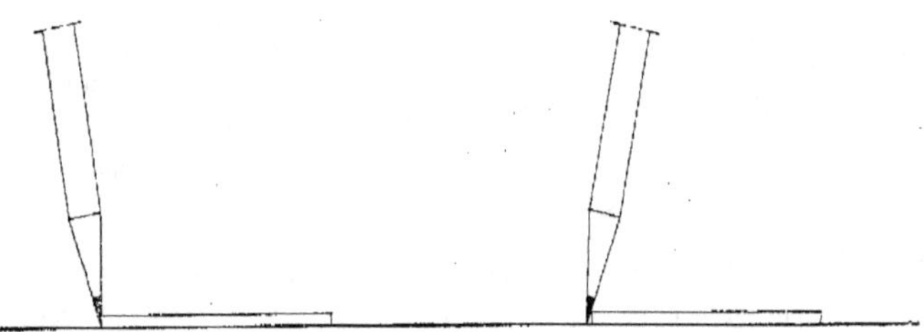

Fig. 194. — Bonne position du crayon.   Fig. 195. — Mauvaise position du crayon.

écartement peut varier pendant la course du crayon, ce qui empêche d'obtenir des lignes bien droites.

77. Encres. — Les couleurs les plus employées sont : le noir, le rouge, le bleu.

Comme encre noire, on fait uniquement usage d'encre de Chine. Cette encre doit être de bonne qualité pour donner un trait bien noir et brillant, ne s'étendant pas quand on passe une teinte.

La meilleure encre de Chine est celle que l'on prépare soi-même à l'aide d'un bâton et d'un godet. On peut la considérer comme suffisamment noire lorsqu'en soufflant un moment dans le godet, avec la force juste nécessaire pour mettre à sec le centre du godet, on ne voit pas le blanc de la porcelaine.

Industriellement l'encre de Chine en flacon est toutefois la plus employée parce qu'elle évite le temps assez long qu'exige la préparation au bâton (1).

_____

(1) L'acheter par petits flacons si on ne s'en sert pas continuellement, parce qu'elle s'épaissit vite et devient rapidement inutilisable.

Un danger du flacon est son renversement, aussi conseillons-nous vivement l'emploi d'un support en bois du genre de celui indiqué par la figure 196.

Les encres rouge et bleue du commerce étant corrosives attaquent les tire-lignes ; malgré cela on les emploie à peu près uniquement à cause de leur commodité ; mais il est à conseiller de bien essuyer les tire-lignes après emploi.

Elles présentent en outre l'inconvénient de n'être pas indélébiles ; il faut donc avoir passé les teintes avant d'en faire usage.

En ce qui concerne les porte-plumes, nous signalerons l'intérêt d'avoir un porte-plume par couleur employée, porte-plume ordinaire bien en main, et d'éviter l'emploi des plumes à dessin à monture de tout petit diamètre. Comme plumes, faire usage de bonnes plumes à bec fin et de plumes à ronde pour l'écriture ; ne pas oublier de les essuyer en fin de travail.

78. Règles. — Elles servent au tracé des lignes droites.

Il faut s'assurer après achat, et ensuite de temps en temps, qu'elles sont bien dressées. Cette vérification se fait aisément, pour chaque arête, en traçant une ligne, puis en retournant la règle comme l'indique la figure 197 et en traçant à nouveau un trait à l'aide de la même arête. Si cette arête est droite, les deux traits doivent se superposer ; dans le cas contraire, il faut faire redresser la règle.

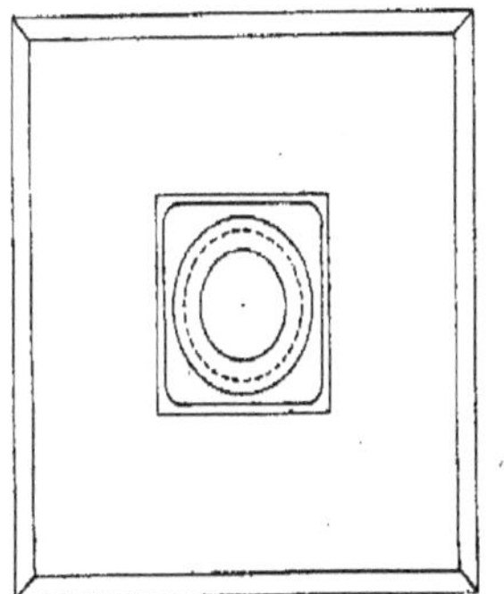

Fig. 196. — Support pour flacon d'encre.

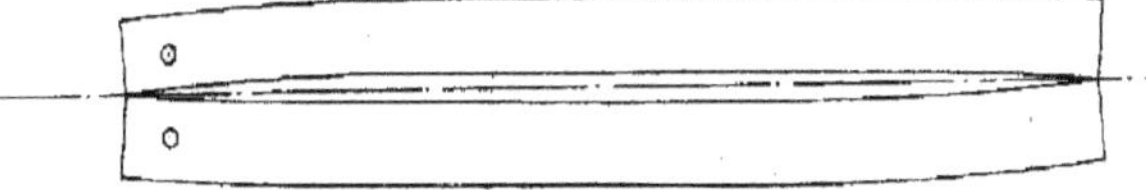

Fig. 197. — Vérification d'une règle.

79. Tés. — On a constamment en dessin à tracer des lignes parallèles.

Le procédé le plus simple pour y arriver rapidement est de se servir de l'instrument appelé té et représenté par la figure 198.

En faisant glisser la tête du té, le long du côté de la planchette, l'arête de la règle tracera des lignes parallèles entre elles.

Si les lignes parallèles à tracer sont verticales, on peut être tenté de les obtenir en plaçant le té comme l'indique le pointillé (*fig.* 198).

Cette façon d'opérer est à rejeter complètement pour les raisons suivantes :

1° *Elle oblige à un déplacement du té, d'où perte de temps ;*

2° *Elle exige que les côtés de la planchette soient parfaitement rectilignes et perpendiculaires, comme doivent aussi être rigoureusement perpendiculaires, les parties composant le té ; conditions rarement remplies.*

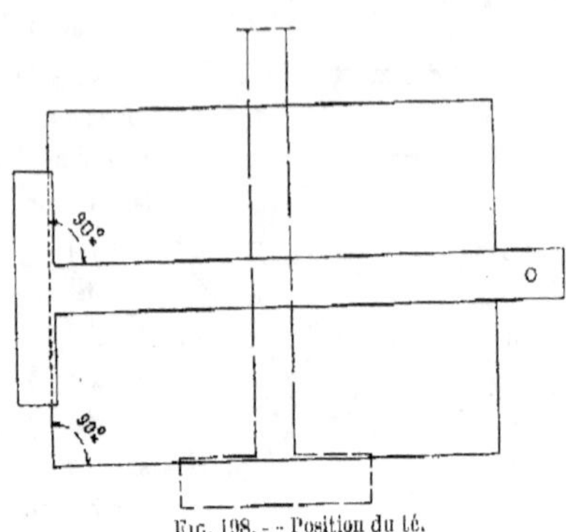

Fig. 198. - - Position du té.

On doit, dans ce cas, se servir de l'équerre.

Le té doit être suffisamment long pour que l'équerre puisse tracer les traits d'extrême droite tout en s'appuyant complètement sur lui (*fig.* 199).

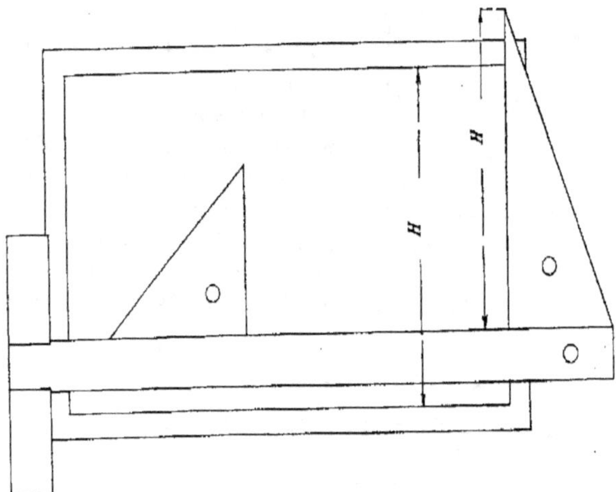

Fig. 199. — Dimensions du té et de l'équerre.

Il faut s'habituer à déplacer rapidement le té tout en maintenant sa tête bien appliquée contre la planchette.

80. Équerres. — Les plus à conseiller sont celles en bois ou en celluloïd transparent.

Ces dernières ont l'avantage de ne pas se déformer par l'humidité et de laisser en outre apparaître le dessin, permettant ainsi de mieux suivre le travail. Par contre, les poussières y adhèrent, ce qui est gênant.

La vérification d'une équerre s'opère comme suit :

On trace à l'aide du té une première perpendiculaire (*fig.* 200) ; puis, retournant l'équerre, une deuxième perpendiculaire. Si l'équerre est juste, ces deux traits doivent se superposer, sinon il faut la retoucher.

Cette retouche peut se faire en frottant l'équerre, à l'endroit voulu, sur une feuille de papier de verre fin placé sur une surface dure et bien plane.

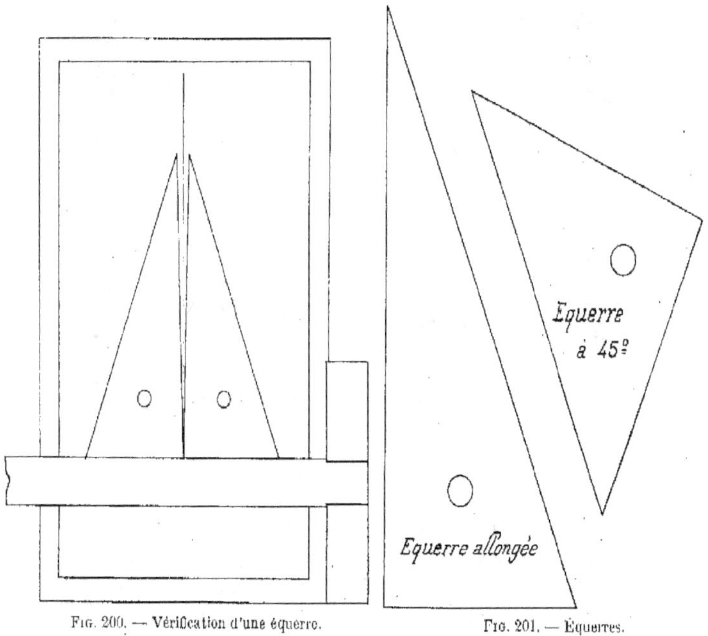

Fig. 200. — Vérification d'une équerre.   Fig. 201. — Équerres.

Deux équerres sont nécessaires au dessinateur : l'équerre allongée et l'équerre à 45° (*fig.* 201).

L'équerre allongée sert au tracé des perpendiculaires, l'équerre à 45° à celui des hachures. Il est intéressant que l'équerre allongée ait un angle au sommet de 30°. Le côté de l'équerre formant hypothénuse est alors incliné de 60° sur l'horizontale, ce qui permet de s'en servir pour le tracé des écrous.

81. Dessinateur universel. — C'est un appareil étudié en vue de suffire à lui seul au tracé des lignes droites.

Il se compose en principe de deux règles perpendiculaires entre elles (*fig.* 202).

La règle parallèle au bord inférieur de la planchette remplace le té ; l'autre l'équerre.

Ces deux règles sont, de plus, graduées, ce qui leur permet de faire office de double décimètre.

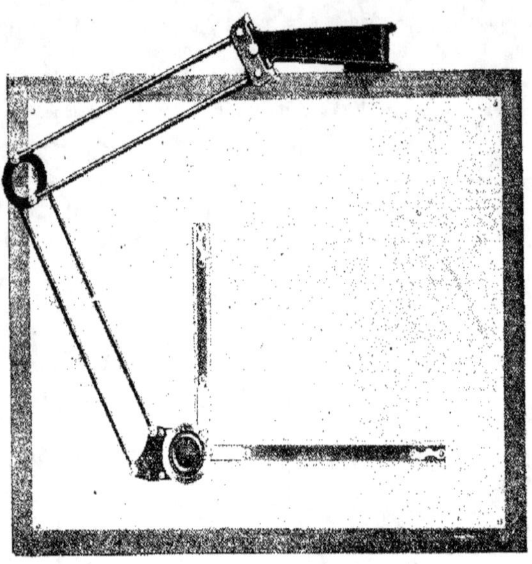

Fig. 202. — Dessinateur universel « Unico ».

Un montage spécial les oblige à se déplacer toujours parallèlement à elles-mêmes. Ce résultat est obtenu à l'aide des propriétés du parallélogramme (*fig.* 203).

Les points noirs représentent les articulations, qui se font sur billes.

On voit aisément que les droites AB, A'B', A"B" d'une part ; CD, C'D', C"D", $C_1 D_1$ d'autre part, sont toujours parallèles dans les déplacements qu'on leur fait subir.

Pour le premier groupe, cela tient uniquement à la longueur constante des bielles 1-2. Pour le deuxième, les bielles 3-4 conservent également leur longueur et de plus, par construction, l'angle ne varie pas.

DC et $D_1 C_1$ étant toujours parallèles, il en résulte que les règles se meuvent aussi parallèlement.

On peut en outre imprimer à l'ensemble des deux règles, à l'aide du bouton visible sur la figure 202, un mouvement de rotation autour du point O, ce qui permet de les diriger suivant toute position oblique désirée.

Un verrou à ressort les repère automatiquement suivant les angles courants de 0°, 30°, 45°, 60°, 90°.

Cet instrument permet de travailler rapidement, mais il est naturellement beaucoup plus coûteux que le té et l'équerre, ce qui limite son emploi. De plus le moindre jeu dans l'articulation diminue rapidement la précision du tracé.

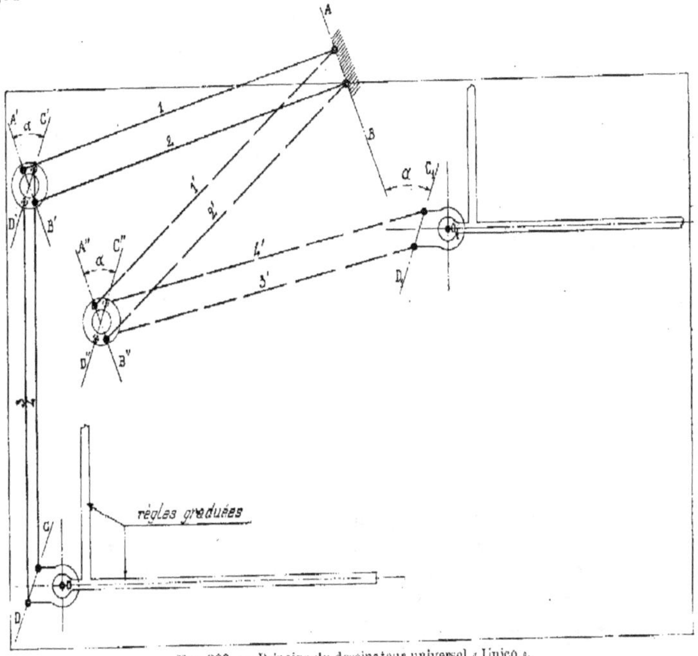

Fig. 203. — Principe du dessinateur universel « Unico ».

82. Pistolets. — On les emploie pour le tracé des courbes qu'on ne peut obtenir au compas.

Deux modèles sont à conseiller :

1° Un modèle tel que A à grands rayons de courbure (*fig.* 204) ;

2° Un modèle tel que B à petits rayons de courbure.

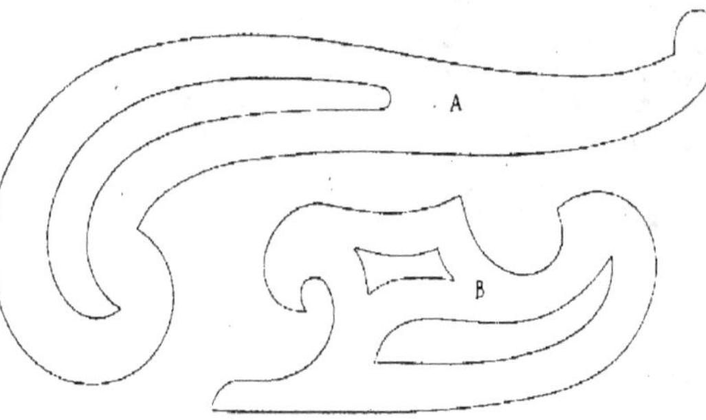

Fig. 204. — Pistolets.

Nous recommandons de faire à la main le tracé au crayon en vue d'obtenir de meilleures courbes, mais le tire-ligne demande à être guidé.

Le pistolet ne contenant qu'exceptionnellement une courbe correspondant exactement à celle à tracer, on procédera par fractions successives en recherchant chaque fois les parties du pistolet et de la courbe qui se superposent le mieux, et en évitant les jarrets ou mauvais raccordements.

La figure 205 montre une règle curvigraphique destinée à remplacer les pistolets. Elle est formée d'une lame d'acier flexible rivée sur une suite de charnières en cuivre qui permettent à l'instrument de conserver pendant tout le temps nécessaire la forme qui lui a été donnée.

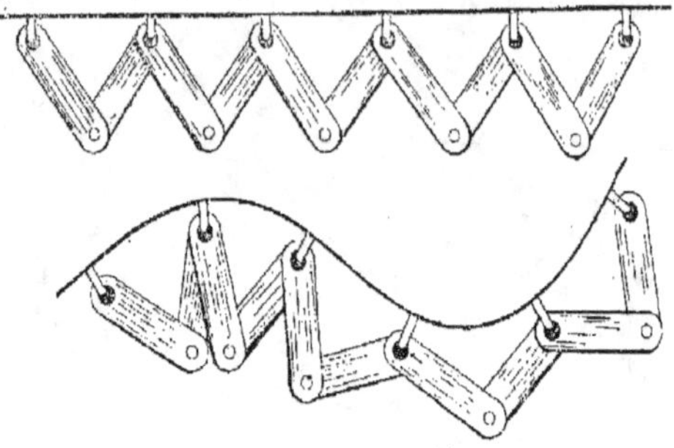

Fig. 205. — Règle curvigraphique.

Ce modèle se prête particulièrement bien à l'exécution des dessins symétriques et sert également à relever le profil général d'un objet en relief.

83. Pochette à dessin. — La boîte industrielle doit comprendre au minimum (*fig. 206*) :

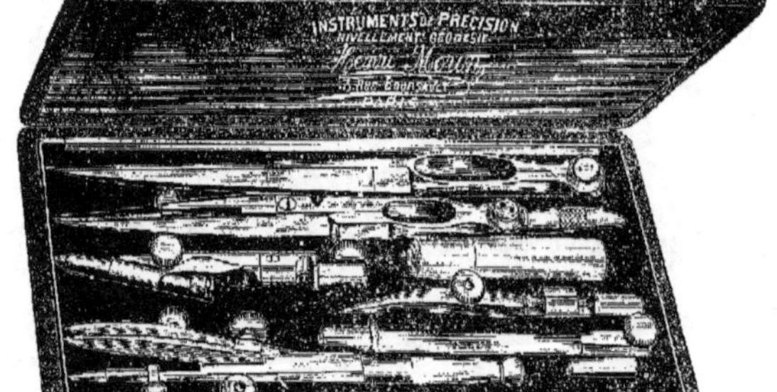

Fig. 206. — Pochette industrielle Morin.

Un compas à pointes sèches ;
Un compas à pointe amovible ;
Un compas balustre à encre ;
Deux tire-lignes ;
Un rapporteur.

On pourra utilement ajouter un balustre à crayon.

Elle ne doit être achetée que dans une maison sérieuse et l'on pourra demander le modèle des Écoles d'Arts et Métiers.

84. Compas à pointes sèches (*fig.* 207). — Il sert à porter une succession de

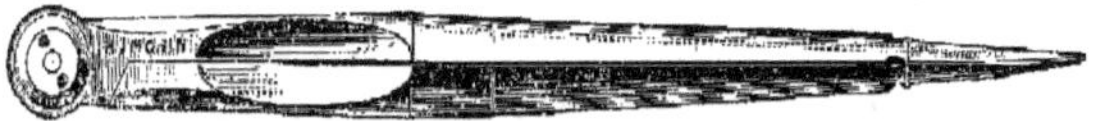

Fig. 207. — Compas à pointes sèches.

longueurs égales, ou encore à diviser une longueur en plusieurs parties égales par tâtonnements successifs.

85. Compas à pointe amovible (*fig.* 208). — Dans ce compas la pointe A peut être remplacée, suivant les besoins, par un porte-mine ou un tire-ligne.

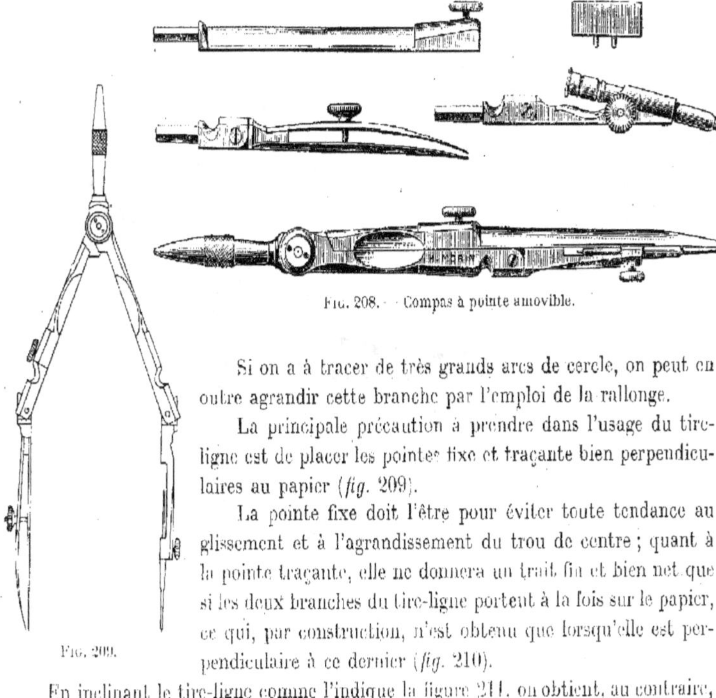

Fig. 208. — Compas à pointe amovible.

Si on a à tracer de très grands arcs de cercle, on peut en outre agrandir cette branche par l'emploi de la rallonge.

La principale précaution à prendre dans l'usage du tire-ligne est de placer les pointes fixe et traçante bien perpendiculaires au papier (*fig.* 209).

La pointe fixe doit l'être pour éviter toute tendance au glissement et à l'agrandissement du trou de centre ; quant à la pointe traçante, elle ne donnera un trait fin et bien net que si les deux branches du tire-ligne portent à la fois sur le papier, ce qui, par construction, n'est obtenu que lorsqu'elle est perpendiculaire à ce dernier (*fig.* 210).

Fig. 209.

En inclinant le tire-ligne comme l'indique la figure 211, on obtient, au contraire, un trait défectueux, une des branches ne portant pas.

On doit appuyer très légèrement sur la pointe fixe pour éviter d'agrandir les trous de centre qui, si on ne prend pas cette précaution, guident mal la pointe, d'où des circonférences dont le commencement et la fin ne se raccordent pas.

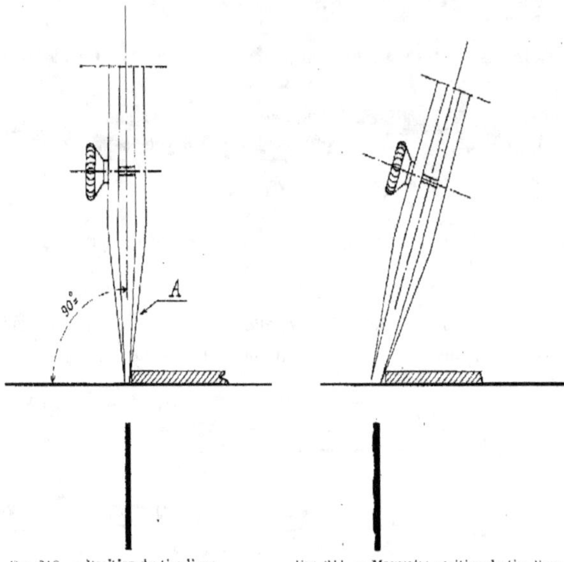

FIG. 210. — Position du tire-ligne.   FIG. 211. — Mauvaise position du tire-ligne.

86. Compas balustre (*fig.* 212). — Il sert au tracé des circonférences et arcs de cercle de petit rayon.

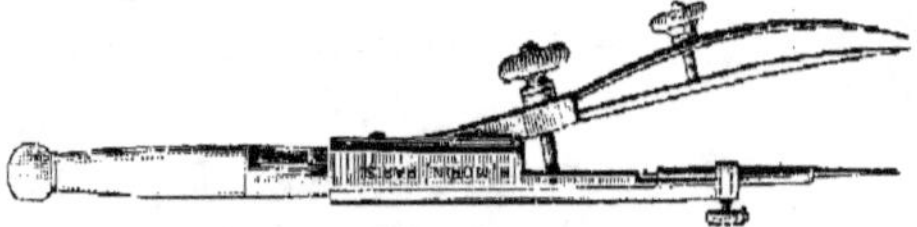

FIG. 212. — Compas balustre.

87. Tire-ligne. — Le tire-ligne (*fig.* 213) est le principal outil du dessinateur.

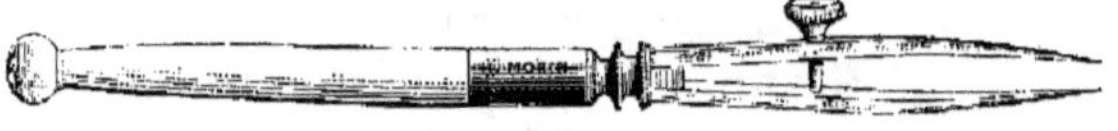

FIG. 213. — Tire-ligne.

Il doit permettre le tracé de traits fins ou forts, bien limités sur les bords, ce qui exige que les deux branches portent également sur le papier, quand il est vertical.

Pour s'en servir, après l'avoir encré à l'aide d'une plume affectée à cet usage, on applique sa branche A contre la règle (*fig.* 210), mais sans pression appréciable.

Cette condition est très importante car, si on appuie de trop, l'écartement des branches se modifie, faisant varier aussi l'épaisseur du trait. C'est d'ailleurs pour éviter autant que possible cet inconvénient que la branche fixe A (*fig.* 210) est plus rigide que l'autre.

Le tire-ligne se tient légèrement incliné dans le sens du mouvement (*fig.* 214), ce qui permet de voir sa pointe et de mieux suivre son travail.

Il faut aussi éviter d'appliquer la branche A tout à fait à plat contre le bord de la règle, sous peine de voir l'encre se répandre sur elle en faisant à la fois tache sur le papier.

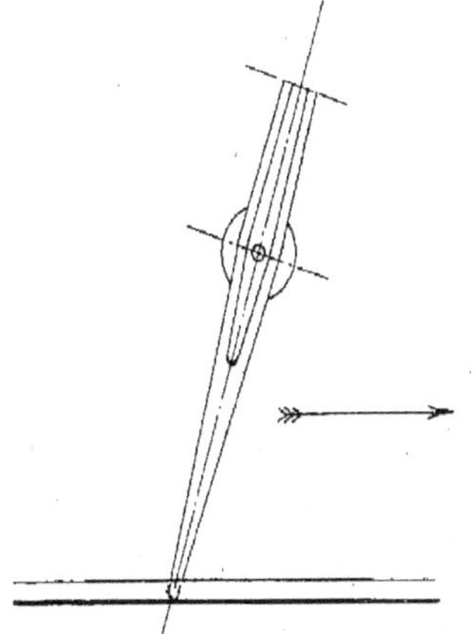

Fig. 214. — Inclinaison du tire-ligne.

88. Rapporteur. — Le rapporteur est utilisé pour la mesure des angles.

Il consiste (*fig.* 215) en un demi-cercle, généralement en corne ou en celluloïd, portant une graduation en degrés.

Pour obtenir une droite OB (*fig.* 216) faisant un angle de 30° par exemple avec une autre droite OA, on place le rapporteur de manière que son diamètre coïncide avec OA, son centre étant en O.

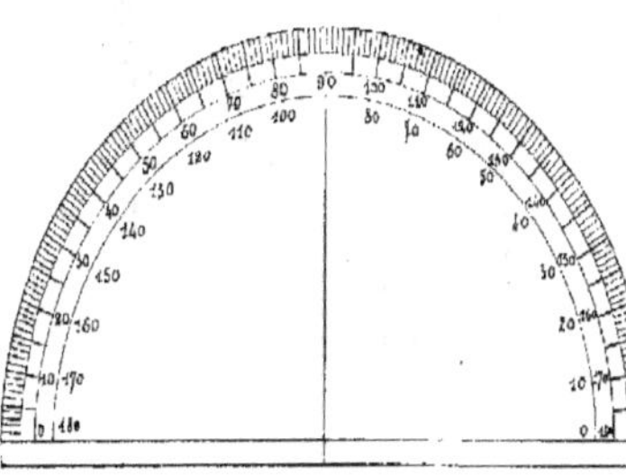

Fig. 215. — Rapporteur.

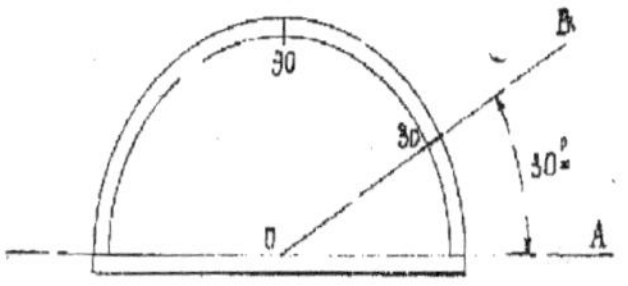

Fig. 216. — Tracé d'un angle.

Le trait indiquant 30° sur la graduation donnera alors le point qui, joint au point O, fournira la droite cherchée.

89. Entretien de la pochette. — Les pièces les plus délicates sont les tire-lignes.

On doit éviter :

1° *De les serrer outre mesure en vue d'obtenir des traits très fins.*

Un serrage trop énergique dépasse la limite d'élasticité des branches qui, au desserrage, ne reprennent plus leur forme primitive ;

2° De les frotter sur la table à dessin ou sur les règles et équerres pour faire apparaître l'encre, lorsqu'elle s'est desséchée.

Il est préférable, dans ce cas, de passer le tire-ligne sur le doigt, ou, mieux encore, de le nettoyer avec un linge après desserrage suffisant pour ne pas forcer. L'encrer ensuite à nouveau.

3° De les remettre dans la pochette sans les avoir essuyés avec soin, particulièrement après l'emploi d'encres de couleur ;

4° De les rentrer sans avoir pris la précaution de desserrer les branches.

D'une manière générale d'ailleurs, tout ressort doit être libéré pendant les périodes de repos.

90. Arcs de grand rayon. — Les instruments de la pochette ne permettent pas de dépasser un certain rayon de courbure.

Pour tracer les arcs de grand rayon, on emploie les compas à verge et les gabarits.

91. Compas à verge. — Ils se composent d'une règle rigide sur laquelle peuvent se déplacer deux curseurs (*fig.* 217). L'un de ces curseurs porte la pointe fixe, l'autre, suivant les cas, le porte-mine ou le tire-ligne.

Ce dernier est muni d'une vis de rappel permettant le réglage précis du rayon.

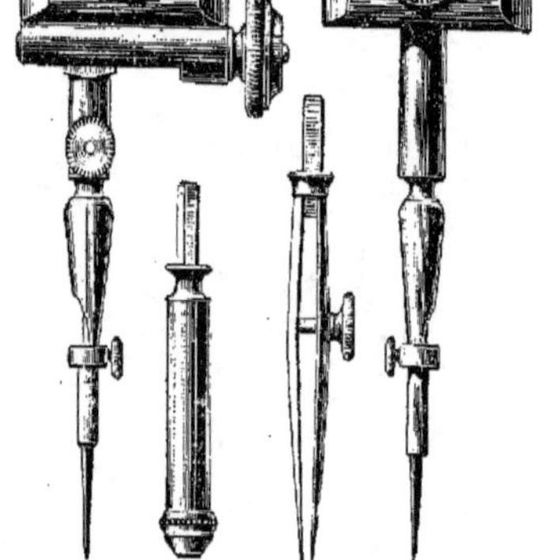

Fig. 217.

92. Compas à verge simplifié. — Quand on ne possède pas de compas à verge, on peut se tirer d'affaire en opérant comme l'indique la figure 218.

On prend une règle plate à dessin et à son extrémité on fait une encoche pour guider le crayon ou le tire-ligne.

Une carte au centre de laquelle on enfonce une punaise est serrée autour de la règle. La punaise sert de centre et on détermine le rayon en faisant coulisser la règle dans la carte.

93. Support pour compas à verge. — Il arrive fréquemment que le centre d'un arc se trouve en dehors de la planche à dessin. On peut alors faire usage d'un dispositif du genre de celui de la figure 219 qui se fixe aisément sur les bords de la planche.

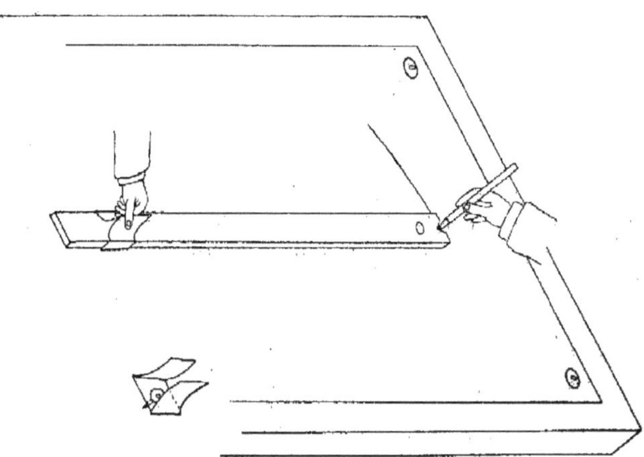

Fig. 218. — Compas à verge simplifié.

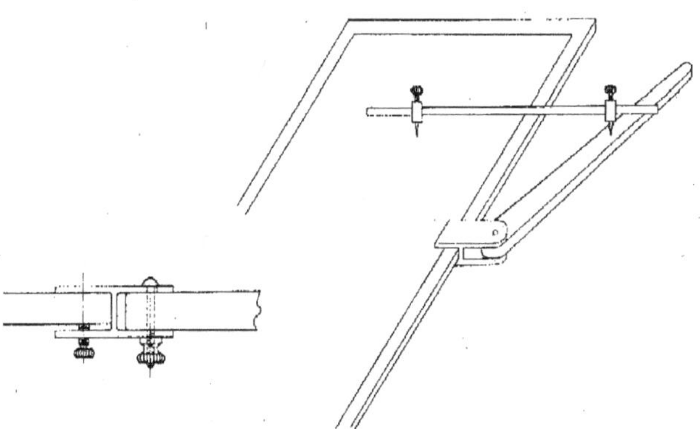

Fig. 219. — Support pour compas à verge.

94. Gabarits. — Dans les bureaux d'étude tels que ceux des chemins de fer, où l'on a à chaque instant à tracer des arcs de cercle de rayons déterminés, on remplace le compas à verge par des gabarits (*fig.* 220.) Le bureau en possède un jeu en rapport avec les dimensions des arcs dont il est fait couramment usage.

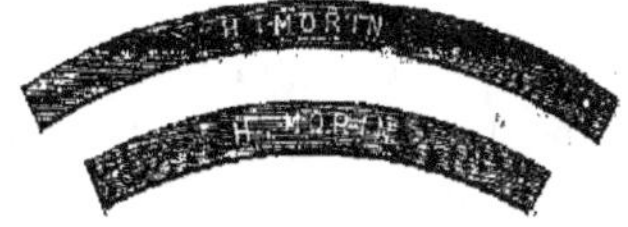

Fig. 220. — Gabarits.

XIII. — Matériel pour les teintes

95. Pinceaux. — On reconnait leur qualité par l'essai suivant : tremper le pinceau dans l'eau, le pincer fortement pour en chasser l'eau, puis le retremper à nouveau ; s'il est de bonne qualité, sa pointe devra se former bien nette (*fig.* 221).

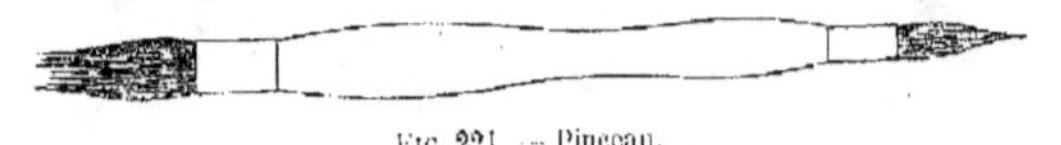

Fig. 221. — Pinceau.

Le modèle à conseiller est celui à deux pinceaux sur le même support, l'un, le plus petit, servant pour la teinte, l'autre pour l'enlèvement des taches ou des excès de teinte.

On doit les laver soigneusement après emploi et avoir à sa disposition un verre d'eau pour les nettoyages au cours du travail.

96. Couleurs. — Le plus pratique est de faire usage des teintes conventionnelles toutes préparées, du commerce.

Si l'on ne possède pas ces couleurs conventionnelles, on peut, à l'aide des couleurs fondamentales : bleu de Prusse, carmin, gomme-gutte, terre de Sienne brûlée, encre de Chine, ocre jaune, obtenir les teintes désirées en opérant des mélanges comme il a déjà été indiqué au tableau de la page 29.

Ce tableau n'a d'ailleurs rien d'absolu et l'on peut y apporter des variantes ; mais, à défaut de nomenclature, une légende devra être peinte pour éviter toute confusion.

97. Godets. — Deux ou trois au maximum sont nécessaires.

XIV. — Exécution des teintes

98. Leur préparation. — Après avoir versé dans le godet la quantité d'eau largement nécessaire pour pouvoir couvrir toutes les surfaces à teinter, il suffit de mouiller le pinceau, de frotter sa pointe sur le morceau de couleur et de délayer la quantité ainsi prise, dans l'eau du godet.

Quelques essais successifs sur un coin de papier permettront de suivre l'intensité de la teinte obtenue et d'arrêter à temps.

Il importe, chaque fois, de bien remuer le pinceau dans la couleur et de l'appuyer fortement deux ou trois fois sur les bords du godet, pour s'assurer qu'il ne contient plus de teinte concentrée.

Il est en outre à conseiller, surtout aux débutants, d'éviter les teintes foncées, beaucoup plus difficiles à passer que les teintes claires ; mieux vaut donc se servir d'une teinte faible et la passer deux fois, si on n'a pas une grande habitude du lavis.

Le travail terminé, ne pas placer en contact, en les ramassant, les morceaux de teinte encore mouillés, pour éviter les mélanges de couleurs.

99. Préparation du papier. — Si les surfaces à teinter sont de faible étendue, il suffit de nettoyer au préalable la feuille à dessin, surtout aux endroits destinés à recevoir la couleur.

Dans le cas de grandes surfaces il y a intérêt, après nettoyage, à humecter légèrement toute la feuille à l'aide d'une éponge dont on a exprimé la majeure partie de l'eau.

Par cette préparation, la teinte s'absorbera d'une manière plus uniforme en évitant les taches.

On devra naturellement attendre, avant d'exécuter le lavis, que le papier ait suffisamment absorbé l'eau pour que la teinte ne se répande pas par son intermédiaire. Ce point sera atteint lorsque son aspect, de brillant, sera redevenu mat.

100. Passage d'une teinte. — Le côté délicat de l'opération consiste à éviter les nuages d'un si disgracieux effet.

On y parviendra en maintenant, d'une part, aussi constante que possible la quantité de teinte contenue dans le pinceau et, d'autre part, en la répandant d'une manière uniforme sur le papier.

Les règles suivantes découlent de ces généralités :

1º *Éviter tout retour de la teinte sur une partie déjà passée. Pour cela, placer la planchette de telle sorte qu'on travaille en ramenant toujours la teinte vers soi, et l'incliner dans cette direction.*

Sur la figure 222, les flèches indiquent la direction des coups de pinceau ainsi que le sens de l'écoulement de la teinte qui résulterait de la pente de la planchette à dessin, si cette pente était suffisante pour qu'il y ait écoulement.

2º *Conduire le travail de manière à éviter tout séchage d'une partie teintée avant que la partie voisine n'ait été passée.*

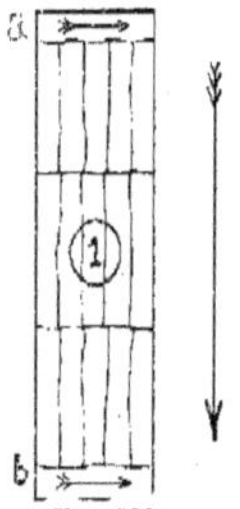

Pour teinter le rectangle 1, par exemple (*fig.* 222), on commencera par le rectangle *a* passé dans le sens de la flèche intérieure à ce rectangle. Ceci fait, on reprendra le sens de la grande flèche et on opérera par petits coups de pinceaux rapides et courts comme l'indique la figure. Arrivé en bas, le rectangle *b*, passé dans le même sens que *a*, terminera le travail.

Comme il y aura fréquemment excès de teinte dans ce dernier rectangle, on l'épongera à l'aide de la pointe du pinceau préalablement desséché.

Fig. 222.

C'est cette même préoccupation de ne pas laisser sécher la teinte qui conduit (*fig.* 223), après avoir terminé le rectangle 1, à continuer le travail par (2) au lieu de (3).

Si on n'opérait pas dans cet ordre, avant d'avoir terminé le tour complet, la partie AB du rectangle 1 aurait séché et le raccordement se ferait avec tache, par suite de la superposition, en cet endroit, de deux couches.

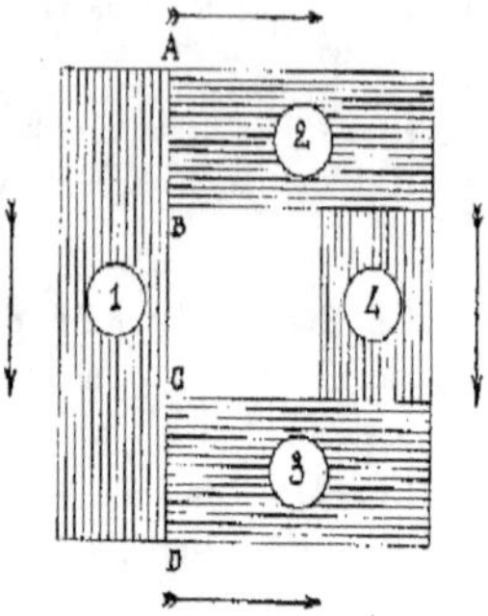

3° *Ne pas attendre que le pinceau se soit presque vidé pour reprendre de la teinte.*

4° *A chaque reprise de teinte, la remuer au préalable et appuyer ensuite légèrement le pinceau sur le bord du godet, pour enlever l'excès de liquide.*

5° *La première couche terminée, attendre qu'elle ait séché avant d'en passer, s'il y a lieu, une deuxième, ou de tracer des traits à l'encre.*

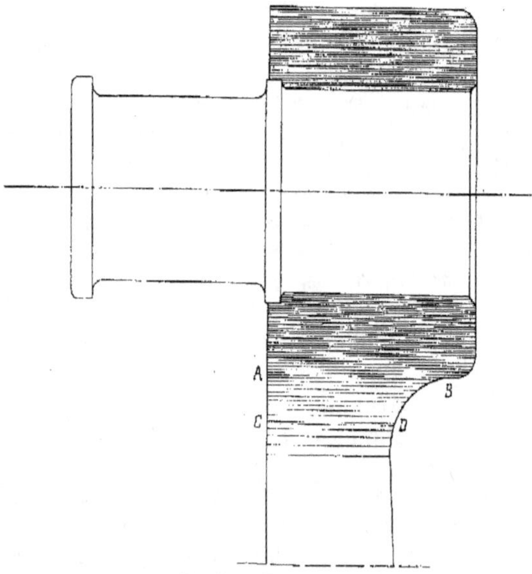
Fig. 223.

101. Teintes fondues. — Lorsqu'on désire arrêter une teinte, par suite de coupe partielle par exemple, on la termine par un dégradé (*fig.* 224).

Fig. 224. — Teinte fondue.

Ce dégradé s'obtient très facilement en procédant comme suit :

Avant de commencer la teinte, mouiller légèrement la surface ABCD, qui doit former le fondu, à l'aide de l'extrémité non utilisée du pinceau, préalablement imbibée d'eau.

Quand la teinte arrive en AB, l'amener au contact de la partie humide et la laisser s'étendre d'elle-même. En essayant de guider la répartition de la teinte, on compromettrait le résultat.

XV. — Matériel pour les cotes

102. Outillage employé. — Le relevé des cotes comprend la détermination de longueurs, diamètres et angles. Cette détermination peut se faire à l'aide de deux classes d'instruments :

1° *Instruments à mesure directe, mètre, double et triple décimètre, pied à coulisse, rapporteur ;*

2° *Instruments à mesure indirecte, compas à pointes, compas d'épaisseur, compas d'intérieur ; ces deux derniers souvent réunis en un seul sous le nom de compas maître de danse.*

103. Mètre, double et triple décimètre. (*fig.* 225). — Nous signalerons seulement l'intérêt du triple décimètre, plus avantageux à notre avis que le double décimètre.

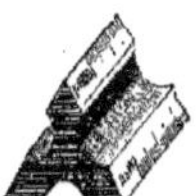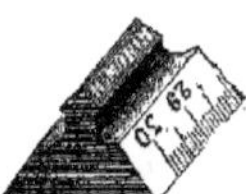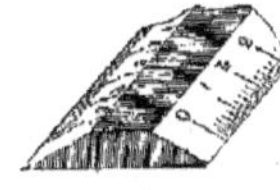

Fig. 225.

104. Pied à coulisse. — C'est l'outil par excellence pour le relevé des cotes ; le modèle à conseiller est celui de la figure 226.

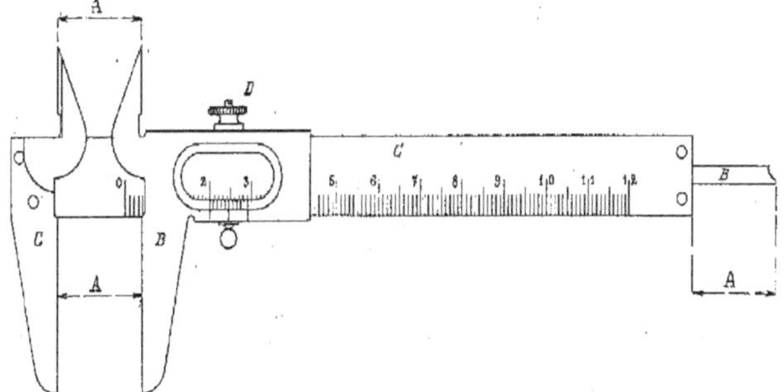

Fig. 226. — Pied à coulisse Columbus.

Il se compose de deux parties, l'une fixe C, l'autre mobile B que l'on peut immobiliser en tout point de sa course, à l'aide du bouton molleté D.

La partie fixe porte une graduation en millimètres et la partie mobile, ou curseur, un index de lecture.

Cet index consiste en un trait marqué 0 ; ce trait constitue le début d'une petite graduation faite sur le chanfrein d'un évidement, graduation dont l'intérêt sera montré par la suite.

Quand le pied à coulisse est fermé, c'est-à-dire quand les deux becs se touchent, ce zéro doit coïncider rigoureusement avec celui de la partie fixe.

On conçoit alors que tout déplacement du bec mobile le long de la branche graduée se mesure par le nombre de millimètres dont s'est déplacé l'index ; c'est-à-dire par le chiffre en face duquel il s'est arrêté.

Pour la mesure des profondeurs, le curseur porte une tige B coulissant dans une rainure de la branche fixe ; l'extrémité de cette tige vient affleurer celle du pied à coulisse lorsqu'il est fermé. Les distances A sont donc toujours égales, d'où la possibilité de mesurer des profondeurs.

La précision des lectures au pied à coulisse se trouve considérablement augmentée par l'emploi d'un dispositif appelé vernier qui permet, suivant sa construction, d'apprécier le 1/10 ou le 1/20 de millimètre.

Voici comment on obtient ces lectures précises :

À la suite du 0 du curseur, se lit la graduation de 0 à 10 dont nous avons déjà parlé.

Si le pied à coulisse est au 1/10, ces 10 divisions valent 9 millimètres ; elles en valent 19 si le pied à coulisse est au 1/20.

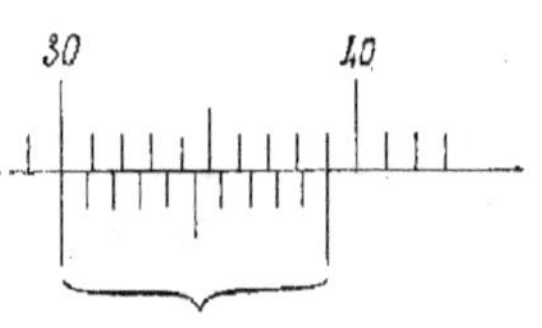

Fig. 227. — Lecture au vernier.

Étudions de plus près un des deux types ; celui du 1/10 par exemple ; le même raisonnement serait d'ailleurs applicable au cas du 1/20.

Deux situations peuvent se présenter pour la lecture :

1° *Le zéro du vernier coïncide exactement avec un trait de la graduation (fig. 227).*

Dans ce cas, le vernier est sans intérêt et il suffit de lire le chiffre marqué en face du repère (30 dans le cas de la figure).

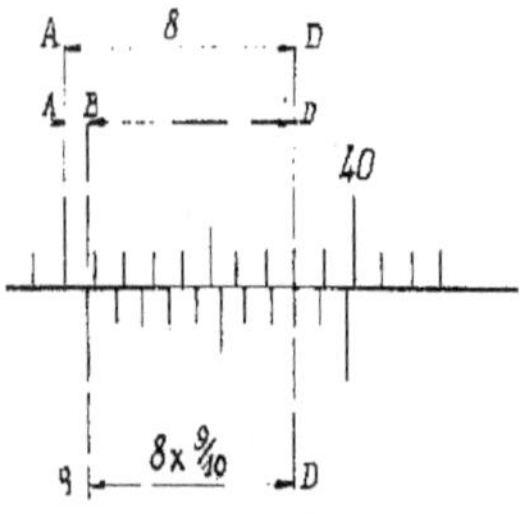

2° *Le zéro du vernier ne coïncide pas avec un trait de la graduation (fig. 228).*

Le repère nous indique que la cote mesurée est comprise entre 30 et 31 millimètres ; le vernier va nous permettre de préciser de combien de dixièmes cette cote est supérieure à 30 millimètres.

Fig. 228. — Lecture au vernier.

Pour cela, cherchons quel est le trait de la graduation du vernier coïncidant le mieux avec un de ceux de la branche fixe. Dans le cas de la figure, c'est le 8e.

Nous dirons que la cote relevée est de :

$$30 \text{ millimètres } \frac{8}{10};$$

On a en effet :

$$AB = AD - BD.$$
$$AD = 8 \text{ millimètres ou } \frac{80}{10},$$
$$BD = 8 \times \frac{9}{10} = \frac{72}{10}.$$

Chaque division du vernier vaut, en effet, comme nous l'avons dit, 9/10 de millimètre.

Donc :

$$AB = \frac{80}{10} - \frac{72}{10} = \frac{8}{10}.$$

105. Rapporteur. — Nous avons déjà décrit cet appareil en parlant des pochettes à dessin.

106. Compas droit. — Il se compose (*fig.* 229) de deux branches droites articulées dont les extrémités trempées se terminent en pointes. Le simple examen de la figure suffit à en montrer l'usage.

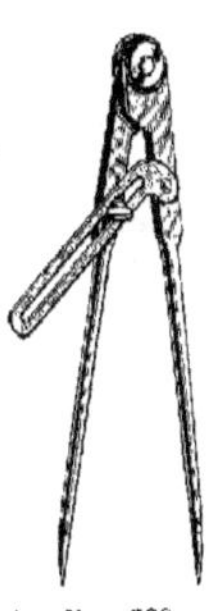

Fig. 229.

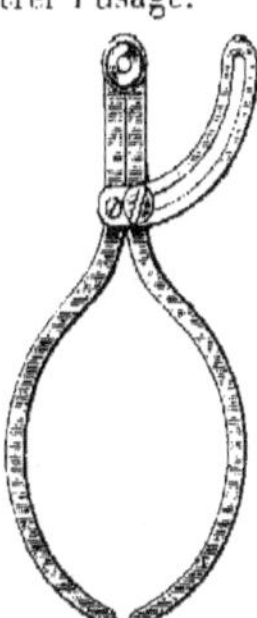

Fig. 230.

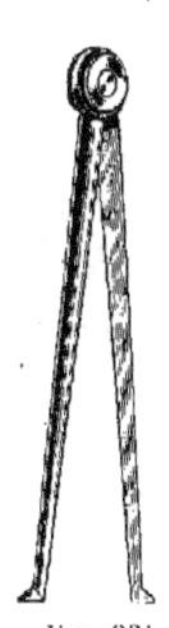

Fig. 231.

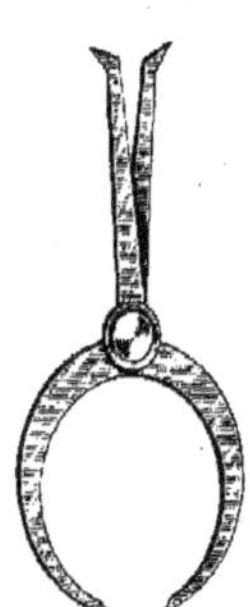

Fig. 232.

107. Compas d'épaisseur (*fig.* 230). — Comme le précédent, ce compas comprend deux branches articulées, mais de forme courbe. Il sert à relever les diamètres importants que le pied à coulisse ne peut atteindre, ou à comparer entre elles diverses épaisseurs. Pour en déduire les cotes en millimètres, il suffit ensuite de lire l'écartement des branches sur une règle graduée ou au pied à coulisse.

108. Compas d'intérieur (*fig.* 231). — On l'utilise dans les mêmes conditions que le précédent, mais pour la mesure des évidements.

109. Compas maître de danse (*fig.* 232). — C'est la réunion, en un seul appareil, des deux précédents.

XVI. — Matériel de correction et de nettoyage

110. Gommes. — On distingue deux qualités : la gomme à crayon et la gomme à encre.

Leur emploi étant très fréquent, il importe qu'elles soient de très bonne qualité, et leur achat doit se limiter à des marques connues telles que Fortin, Conté, etc.

Refuser toute gomme colorée qui risque de tacher le dessin et, avant de se servir de sa gomme, frotter l'arête que l'on utilisera sur un des coins de la feuille à dessin, pour s'assurer que la gomme est propre.

La gomme à crayon sert à effacer les traits de crayon inutiles et à nettoyer le dessin lorsqu'il est achevé ; cette gomme doit être douce pour ne pas décolorer les traits noirs au moment du nettoyage, et ne pas fatiguer le papier.

La gomme à encre, composée de caoutchouc et de poussière de verre, est destinée aux corrections.

Quand on désire supprimer un trait à l'encre ou une tache, il importe de ne pas chercher à atteindre trop rapidement le résultat en appuyant fortement sur la gomme ; on risque d'arracher le papier. Le trait disparu, on termine par un coup de gomme à crayon et on passe sur le papier, à l'endroit gommé, un chiffon recouvrant le doigt, chiffon sur lequel on a versé un peu de poudre de sandaraque. Le but de cette poudre est d'éviter les bavures qui pourraient se produire lors du passage du tire-ligne ou du pinceau, par suite de la destruction, par la gomme, de l'encollage du papier.

On a fréquemment à supprimer un trait voisin d'autres traits que l'on désire ne pas atteindre ; il suffit, dans ce cas, de découper dans un morceau de papier à dessin une fente ayant les dimensions voulues pour laisser apparaître seul le trait à gommer. En place de papier on peut se servir d'un rectangle en métal mince, plus durable.

111. Grattoir. — Son emploi n'est guère à conseiller parce qu'il dégrade le papier ; cependant il peut être utile pour supprimer de légers dépassements de traits, ou encore pour transformer en traits pointillés des traits tracés continus par erreur. À l'aide de sa pointe, il suffit d'opérer de petites brèches voisines, que termine un coup de gomme à crayon.

112. Sandaraque. — Après un gommage énergique ou un grattage, il est indispensable de reconstituer l'encollage du papier en étendant à l'aide d'un linge propre un peu de poudre de sandaraque.

XVII. — Titres et inscriptions diverses

113. Titres. — Les titres s'écrivent en ronde ou en bâtarde, la hauteur des lettres étant proportionnelle à l'importance du titre.

Le tableau de la page suivante donne le modèle des lettres à employer et le numéro des plumes correspondant à chaque hauteur de lettres.

L'encre de Chine, peu fluide, permet difficilement d'obtenir des déliés bien fins. On y arrive cependant *en ne chargeant d'encre que le dos de la plume.*

Quand un titre doit être souvent répété, on a tout intérêt à en faire établir une vignette, plaque de laiton ou de zinc dans laquelle ce titre a été découpé.

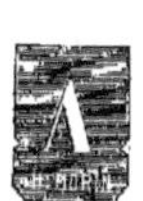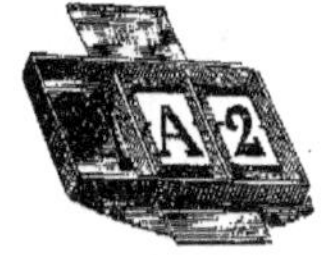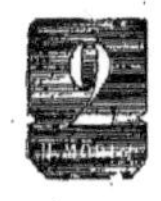

Il suffit, après avoir convenablement placé cette vignette à l'aide des repères qu'elle porte, de frotter sa surface avec une brosse spéciale enduite de noir, pour obtenir un titre net et vigoureux.

Fig. 233 et 234. — Vignettes.

On peut aussi se servir dans ce but de vignettes alphabet (*fig.* 233), mais ce procédé est plus long et plus délicat, puisqu'il exige un tracé lettre par lettre.

Ces lettres alphabet sont principalement utilisées, sous forme de majuscules de petites dimensions, pour servir à l'écriture des lettres repère pour les nomenclatures.

114. Inscriptions diverses. — Il existe également dans le commerce des vignettes-chiffres (*fig.* 234), ainsi que toute une catégorie de vignettes spéciales permettant d'écrire les indications courantes des plans, telles que : Élévation et coupe suivant..., Plan, Profil, etc.

Signalons en terminant les cachets apposés par les maisons de construction dans un but administratif.

Ce sont notamment :

Un cachet indiquant la raison sociale et le numéro du plan ;

Un cachet donnant le nom du dessinateur, du calqueur, du vérificateur, avec la date de sortie ;

Un cachet relatif aux dates des modifications apportées ultérieurement.

Les plans se rapportant à une même étude sont consignés dans une nomenclature spéciale portant les indications suivantes :

Numéro du plan ;

Nomenclature des pièces de détail ;

Qualité du métal ou de la matière employée ;

Date de sortie des plans aux ateliers ou d'expédition au dehors ;

Indication du nombre d'exemplaires.

Toute modification de plan provenant, soit d'une erreur de tracé, soit d'un changement apporté en cours d'exécution, doit être indiquée en rouge sur le tracé avec la date de la modification.

XVIII. — Exécution des croquis

115. Généralités. — Après avoir énuméré les conventions relatives au croquis et au dessin et avoir passé en revue les moyens mis à notre disposition pour assurer leur réalisation matérielle, il ne nous reste plus qu'à déterminer l'ordre dans lequel doivent se dérouler les diverses opérations constituant l'exécution.

Le travail devra débuter par un examen attentif de l'organe ou de la machine à représenter ; il ne faut jamais en effet perdre de vue qu'on ne représente bien que ce qu'on a bien compris. Après avoir saisi le fonctionnement de l'ensemble et le rôle de chaque partie constitutive, on pourra procéder au démontage pour permettre d'établir un croquis de chaque pièce distincte.

Il importe, au cours de ce travail, de prendre les précautions nécessaires pour être à même d'assurer ensuite le remontage.

On y parviendra, si les précautions n'ont pas déjà été prises, par l'emploi de lettres et de traits de repère convenablement placés sur les pièces.

Ce démembrement ne doit cependant pas être poussé trop loin ; c'est ainsi notamment qu'il est souvent inutile de séparer sur les croquis, les boulons et tiges filetées de leurs écrous et rondelles, les goujons des pièces sur lesquelles ils sont fixés, les arbres de leurs clavettes encastrées, les vis de leur logement, etc...

La difficulté du travail se trouve alors résumée sous deux formes :

1° *Savoir prendre le croquis d'une pièce donnée ;*

2° *Savoir établir les croquis de montage nécessaires pour relier entre eux tous les croquis particuliers.*

116. Croquis d'une pièce donnée. — Pour permettre de mieux suivre nos conseils, nous les appliquerons, au fur et à mesure, à un exemple qui sera celui de la figure 235, qui représente un coulisseau pour compresseur.

L'ordre des opérations est le suivant :

1° *Faire une ébauche du croquis ;*

2° *Procéder à la mise au net.*

117. Ébauche des vues principales. — On doit :

1° *Déterminer les vues principales jugées nécessaires (élévation, plan, profils ; en vue extérieure ou en coupe).*

Dans notre cas : élévation en coupe, plan en coupe et profil de droite ;

2° *Fixer le nombre de ces vues qui pourront trouver place sur le format employé.*

Ce nombre de vues résulte de la plus ou moins grande complexité de la pièce, mais généralement on s'arrange pour les y placer toutes, ce que nous ferons dans notre exemple.

Du nombre et des proportions des vues à exécuter résulte aussi la disposition, en longueur ou en hauteur, du dessin. Pour notre coulisseau nous adopterons la dis-position en longueur, qui permet une meilleure utilisation du papier ;

3° Réserver sur la feuille la place voulue pour les titres, et partager le reste, ou une partie du reste, en rectangles de dimensions sensiblement proportionnelles à celles des vues qui leur seront attribuées.

Dans notre cas, il restera deux rectangles libres. L'un A servira à l'inscription des indications diverses, l'autre B pourra recevoir des croquis de pièces de détail, axes, vis, boulons, etc. ;

4° Commencer par l'élévation en se fixant son encombrement maximum.

Cet encombrement doit laisser subsister autour de l'élévation, et, en conséquence, des autres projections, assez de place pour permettre d'inscrire les cotes et indications diverses, tout en évitant que les vues ne paraissent disproportionnées par rapport à l'espace qui leur est réservé.

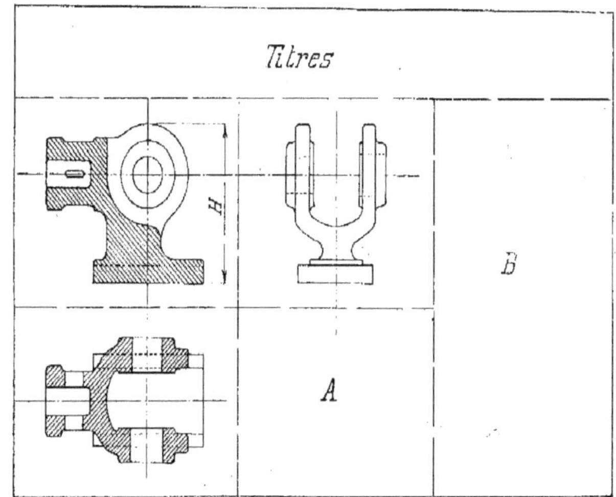

Fig. 235. — Mise en feuille.

Dans notre cas (*fig.* 235), H représentera la hauteur qu'il convient de ne pas dépasser.

Cette mise en feuille est très importante ; c'est d'elle en effet que dépend cette harmonie des proportions qui doit être l'une des premières qualités d'un bon croquis ;

5° Situer et tracer les axes principaux, passer ensuite aux formes principales, puis à celles secondaires, pour terminer par les détails.

Remarquons ici que, d'une manière générale, le matériel industriel procède de formes géométriques simples ; si ces formes sont quelquefois peu apparentes, cela tient aux additions successives qui sont venues se greffer sur le volume primitif, ou aux évidements qu'on a dû y pratiquer.

Bien souvent aussi le rôle de chaque partie conduira à reconstituer sa forme, si elle ne l'impose pas.

Le dessinateur ne doit jamais perdre de vue ces considérations qui lui faciliteront, non seulement le tracé, mais lui permettront, en outre, de coter plus simplement, comme nous l'avons déjà indiqué (§ 58).

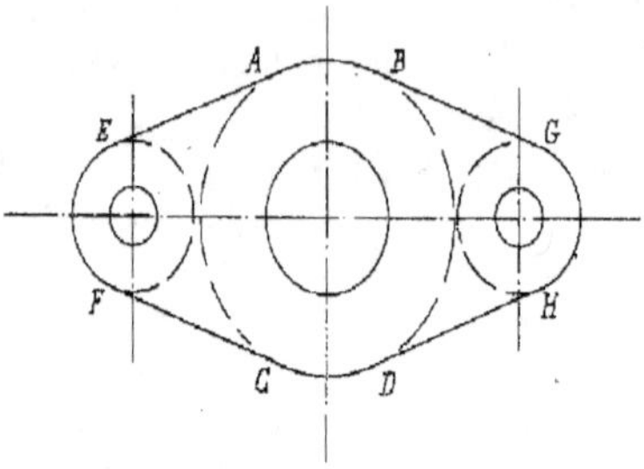

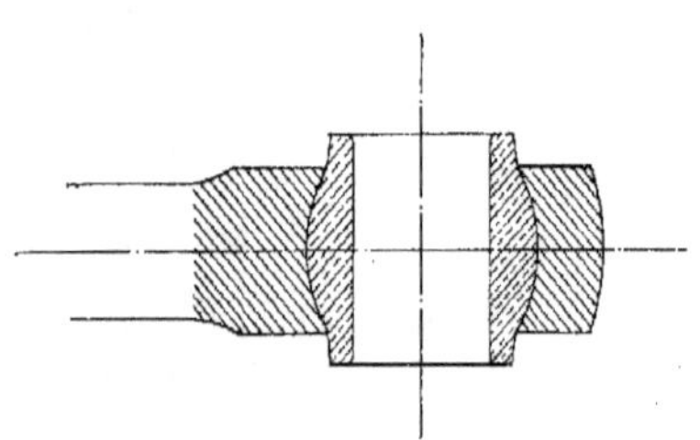
Fig. 236. — Bride.

Examinons, à titre d'exemple, le cas de la figure 236, qui représente une bride. Un instant de réflexion nous montre que les courbes AB et CD sont des arcs de cercle ayant même centre, de même que EF et GH sont aussi des arcs de cercle ayant comme centres respectifs ceux indiqués par la figure.

Le tracé devient alors très simple, puisqu'il suffit de décrire les trois circonférences, puis de mener leurs tangentes extérieures.

Il sera de même, grâce à cette remarque, très aisé de coter.

Fig. 237. — Articulation.

Enfin l'examen du coussinet de tête de bielle (*fig.* 237) nous indique qu'il s'agit d'un coussinet sphérique destiné à remédier à une variation du parallélisme des axes reliés par la bielle ; on en conclut que les courbes sont des arcs d'un cercle ayant même centre.

118. Mise au net des vues principales. — L'ébauche dont nous venons de parcourir les diverses phases aura été faite à l'aide de traits fins, en appuyant très légèrement sur le crayon pour faciliter les corrections.

Pour mettre au net :

6° *Effacer tous les traits de construction ou inutiles et repasser sur ceux qui doivent subsister, en tenant compte des conventions précédemment établies.*

Ce repassage ne doit pas être effectué dans un ordre quelconque. Il doit commencer par les axes, pour passer ensuite aux traits vus principaux, puis aux traits secondaires et enfin aux pointillés.

REMARQUE. - *Dans le cas de coupes, il est en outre très important de toujours commencer la mise au net par celle des pièces non coupées.*

En suivant ce conseil on évite bien des effaçages, n'étant pas ainsi tenté de faire traverser ces parties vues par des traits du croquis ne leur appartenant pas.

Dans l'exemple de la figure 238, on devra repasser en premier lieu la pointe et

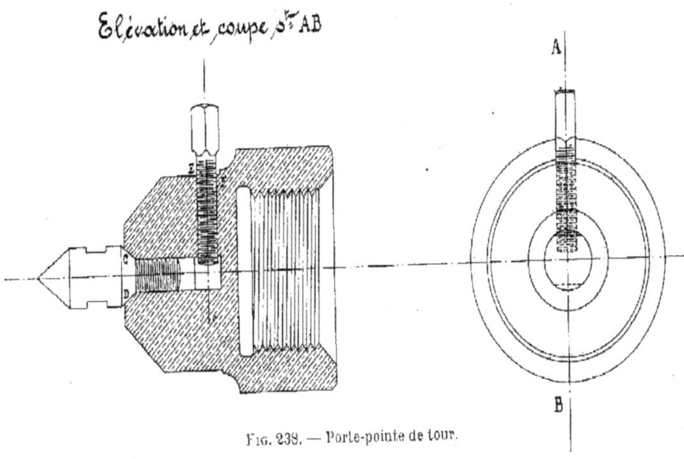

Fig. 238. — Porte-pointe de tour.

la vis. Ces pièces ressortant alors nettement sur l'ensemble, encore vague, du croquis, on ne sera pas exposé à les faire traverser par des traits tels que EF et CD qu'il faudrait ensuite effacer.

7° *Inscrire les cotes et indications diverses.*

8° *Nettoyer la feuille.*

119. Vues complémentaires. — Les vues principales terminées, il reste la plupart du temps à exécuter un certain nombre de vues et coupes de détail destinées à compléter la représentation de parties mal déterminées par ces vues.

Toutes les fois que ce sera possible, il y aura intérêt à loger ces vues complémentaires sur la même feuille que les vues principales ; on devra alors les disposer comme nous l'avons déjà indiqué (§ 117), c'est-à-dire de façon à faciliter la lecture, tout en laissant la place voulue pour l'inscription des cotes et indications diverses.

120. Croquis de montage. — Ces croquis, qui forment liaison entre les croquis particuliers, s'obtiennent aisément par la simple considération des axes et des faces principales.

Nous avons déjà eu l'occasion d'en parler au sujet des cotes (§ 59) ; rappelons simplement ici qu'en dehors de la représentation nécessaire pour assurer le montage, il est inutile de compliquer le tracé. Ce tracé doit cependant comprendre les contours apparents des pièces. Il s'effectue en s'inspirant des règles précédemment établies pour leurs parties constitutives.

XIX. — Exécution des dessins

Deux cas sont à considérer :

1° Il s'agit de la mise au net de croquis ;

2° On a à exécuter un dessin d'étude.

121. Mise au net de croquis. — Cette mise au net consistera, non pas à reproduire à l'échelle les croquis de détail, mais bien à s'en servir pour exécuter les vues d'ensemble de l'appareil ou, tout au moins, celles de parties importantes de cet ensemble.

C'est précisément cette faculté de pouvoir représenter plusieurs pièces assemblées, tout en conservant à l'ensemble assez de clarté, qui fait la valeur industrielle du dessin.

Grâce à lui, le matériel apparaît sous ses proportions réelles, ce qui permet de les apprécier.

La mise à exécution d'un dessin devra toujours débuter par le choix du format de papier à employer et de l'échelle à adopter pour les vues principales.

Avec un peu de pratique, ayant en main les croquis de montage et connaissant d'autre part les formats types et échelles utilisés par la maison, ce choix se fera rapidement.

Pour exécuter le dessin au crayon, il ne restera plus qu'à passer par les diverses phases déjà énumérées pour les croquis ; mais ici l'espace réservé autour des vues ne sera plus fixé arbitrairement, car il résultera, pour un format donné, de l'échelle adoptée. Ce travail se fera au crayon n° 3.

Le tracé au crayon achevé, trois cas sont à distinguer :

1° Le dessin doit rester au crayon ;

2° Il doit être passé à l'encre sans teintes ;

3° Il doit être passé à l'encre avec teintes.

122. Dessins au crayon. — On entend généralement par dessin au crayon un dessin dont les vues seules restent au crayon, car il y a intérêt pour les cotes et indications diverses à faire usage d'encre de Chine.

Il existe cependant une classe très importante de dessins entièrement au crayon ; ce sont ceux destinés à être calqués en vue de la reproduction, mais il faut ajouter que, n'étant pas conservés, ils ne constituent pas, à proprement parler, un travail définitif.

Le premier tracé terminé, il suffit, pour mettre au point les dessins au crayon, d'effacer les traits de construction ou inutiles et de repasser avec un crayon n° 2. On termine le travail par l'inscription à l'encre des cotes et indications diverses.

123. Dessin à l'encre sans teintes. — Commencer par passer à l'encre le

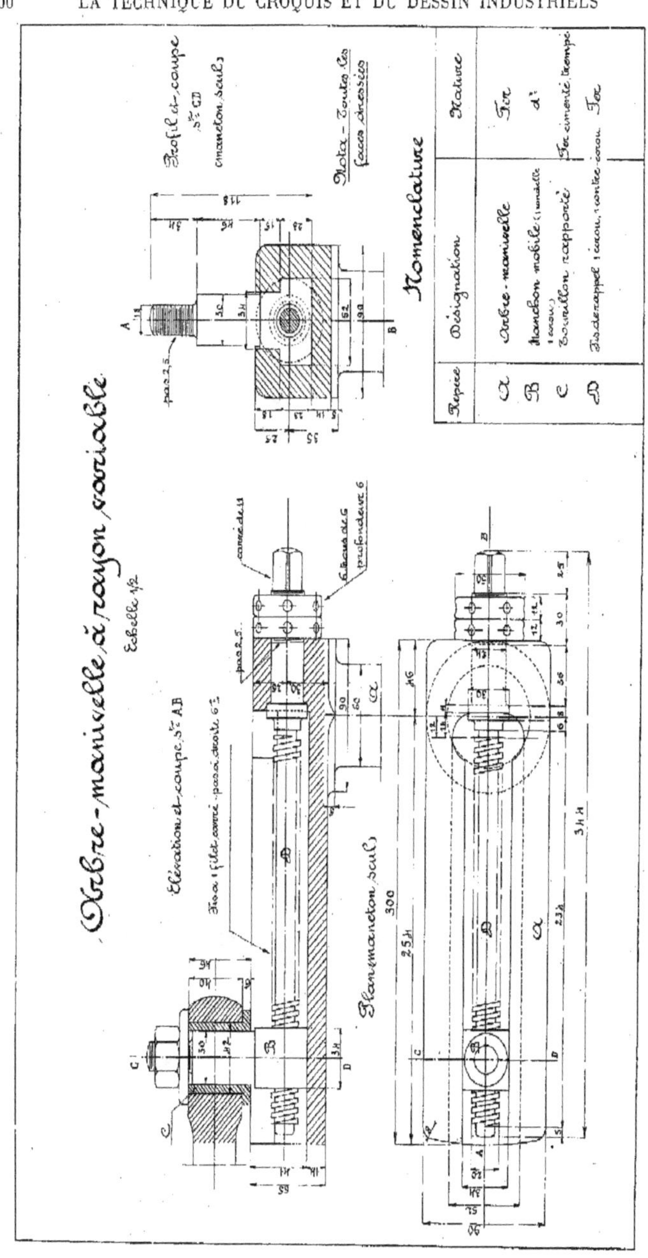

Fig. 239.

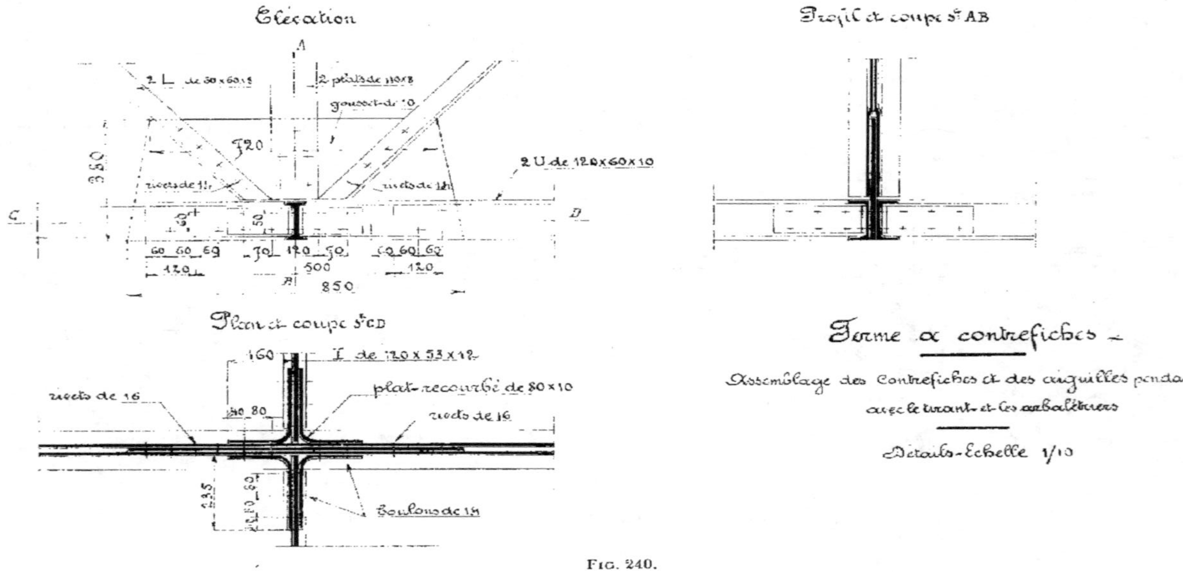

Élévation
Profil et coupe s^t AB
2 L de 80×60×8
2 plats de 110×8
gousset de 10
2 U de 120×60×10
720
350
rivets de 14
rivets de 14
60 60 60
70 120 50
60 60 60
120
500
120
850
Plan et coupe s^t CD
160
I de 120×53×12
plat-recourbé de 80×10
rivets de 16
rivets de 16
140 80
235
Boulons de 14
Forme à contrefiches —
Assemblage des contrefiches et des aiguilles pendantes
avec le tirant et les arbalétriers
Détails-Échelle 1/10

Fig. 240.

dessin proprement dit avant de s'occuper des titres et diverses indications. Le seul point important à observer est celui déjà indiqué pour la mise au net des croquis. *Il consiste, dans le cas de coupes, à tracer d'abord toutes les pièces non coupées ;* on aura également intérêt à ne repasser les lignes pointillées qu'après avoir terminé toutes les lignes vues.

124. Dessin à l'encre avec teintes. — L'emploi des teintes s'allie généralement avec celui de l'encre bleue pour les axes et de l'encre rouge pour les coupes rabattues et les lignes de cotes.

Il est à conseiller de ne passer les teintes qu'après avoir terminé le passage à l'encre de Chine des diverses vues et des titres principaux.

On peut, en effet, à ce moment, nettoyer complètement la feuille et passer, par suite, les teintes sur un fond bien propre.

Les tracés bleus et rouges se font ensuite ; on évite ainsi les bavures pouvant résulter du passage des teintes sur les traits de couleurs non indélébiles.

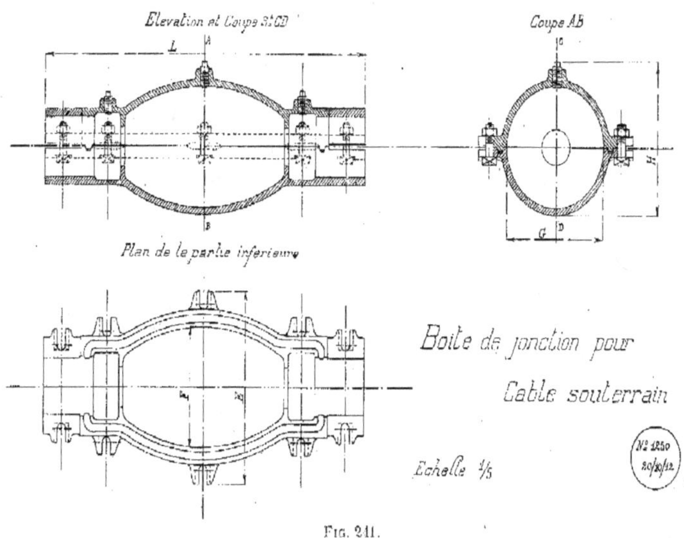

Fig. 241.

125. Cas des ombres. — Si le dessin comporte des ombres, nous conseillons de passer le dessin à l'encre comme s'il n'en comportait pas, puis, le tout terminé, de repasser sur les traits d'ombre. L'avantage de cette manière d'opérer est d'éviter d'avoir à effectuer des corrections sur des traits forts qui, d'un autre côté, permettent souvent, par leur largeur, de corriger certains défauts révélés par le tracé à l'encre.

126. Exemples de dessins. — Pour illustrer et clore l'étude du dessin proprement dit, on trouvera (*fig.* 239 et 240) des exemples de petits dessins complets. Les nécessités de mise en page ne nous ont malheureusement pas permis de leur donner l'importance désirée et il ne faut les considérer que comme de faibles réductions de la majorité des cas industriels.

La figure 241 montre un ensemble avec cotes d'encombrement, pouvant servir de dessin de catalogue ou de clientèle.

XX. — Reproduction des dessins

127. Sa nécessité. — A l'aide des indications précédemment fournies on peut obtenir la représentation complète d'un appareil, mais on ne la possède qu'à un seul exemplaire.

Or, industriellement, plusieurs dessins absolument identiques de cet appareil sont nécessaires. Il faut, en effet :

1º En conserver au moins un pour les archives ;

2º En fournir un certain nombre aux ateliers ;

3º En mettre dans certains cas à la disposition de la clientèle.

Ces multiples exemplaires pourraient s'obtenir en copiant, à l'aide de papier transparent, le nombre de fois voulu, l'original ; mais ce procédé est inapplicable parce qu'il est trop coûteux et parce qu'il n'assure pas l'identité absolue des différentes copies quels que soient les soins apportés aux vérifications.

On obtient les résultats désirés par l'emploi de procédés photographiques.

128. Tirages photographiques. — Les dessins établis en vue de tirages photographiques s'arrêtent au crayon.

On les recouvre ensuite d'une feuille transparente de papier à calquer et, s'aidant de cette transparence, on y reproduit, trait pour trait, à l'encre de Chine, le dessin au crayon ([1]).

On entoure ce dessin, appelé calque, d'un cadre qui servira ultérieurement à couper les diverses épreuves suivant un format identique pour toutes (voir à titre d'exemple le cliché encarté).

Sous cette forme le calque représente un véritable cliché qui permettra, par l'emploi d'un papier sensible exposé à la lumière dans un châssis, l'obtention d'un nombre illimité d'épreuves obligatoirement identiques.

129. Papiers sensibles. — Il en existe un certain nombre qui se distinguent par la couleur des tirages qu'ils donnent, par les manipulations qu'ils exigent et par

---

([1]) Certains bureaux de dessin établissent directement l'étude au crayon sur papier calque et se servent de ces calques pour les tirages. Ce procédé est rapide et très économique, mais les preuves obtenues ne présentent pas la netteté de celles dues au tracé à l'encre. Le crayon employé doit donner un trait gros, bien noir.

le prix de revient des épreuves. Nous citerons seulement les deux plus employés :

Le papier au ferro-prussiate donnant des traits blancs sur fond bleu ;

L'héliotype donnant des traits noirs sur fond blanc.

130. Papier au ferro-prussiate ou bleu. — C'est le premier en date et de beaucoup le plus employé. Son prix est peu élevé et sa manipulation des plus simples.

Avant usage, le papier au ferro-prussiate, soigneusement conservé à l'abri de la lumière dans un étui en zinc, est de teinte verdâtre [1].

Exposé à la lumière derrière le cliché, et fortement appuyé sur lui par les ressorts du châssis, ce papier s'impressionne dans toutes ses parties non protégées par les traits noirs du dessin.

La durée d'exposition varie énormément avec la rapidité du papier employé et, plus encore, avec la quantité de lumière.

Afin de juger du moment où il doit être mis fin à l'exposition, on doit procéder comme suit :

Pour un premier tirage, ajouter quelques témoins. Ce sont de simples bandes étroites du même papier placées sous le calque en un endroit où elles ne compromettent pas la reproduction.

Une extrémité de ces bandes, passant entre le cadre et les volets de pression, est accessible, ce qui permet d'enlever ces bandes sans perturbations. Quand on juge le temps de pose suffisant, on enlève une de ces bandes et on la développe pour s'en assurer. Le résultat atteint, on note le temps de pose, temps qui sera applicable aux épreuves suivantes, sauf variation de l'éclairement.

On peut également suivre le cours de l'impression en considérant la teinte prise par un ferro bien venu, avant son enlèvement du châssis, dans ses parties non recouvertes par le cliché.

L'exposition terminée, on retire le ferro du châssis et on le fixe par un lavage à grande eau. Il importe cependant de ne pas trop prolonger ce lavage, sous peine de détériorer la composition recouvrant le papier.

Terminer le travail par un séchage obtenu en suspendant le bleu à un fil de fer à l'aide de pinces à linge (Voir à titre d'exemple de tirage au ferro-prussiate, le bleu encarté et son calque).

131. Papier héliotype. — Ce papier est d'un prix environ triple de celui au ferro-prussiate, ce qui limite son emploi. De couleur jaune, il devient blanc sous l'action de la lumière. On arrête l'exposition lorsqu'en soulevant un volet on constate que le fond est devenu très blanc alors que les parties masquées par les traits du dessin sont encore restées jaunes.

Le virage et le fixage s'obtiennent, comme pour le ferro-prussiate, par un simple lavage à grande eau.

---

[1] Il est à conseiller de ne s'approvisionner qu'au fur et à mesure des besoins, en vue d'éviter de conserver trop longtemps le papier au ferro-prussiate avant emploi, ce papier pouvant alors s'altérer.

132. Sources lumineuses. — Il est fait usage de trois sortes de sources lumineuses :

La lumière solaire ;

L'arc électrique ;

La lampe à vapeur de mercure.

La lumière solaire est la plus employée. C'est la plus économique, tout au moins lorsque le ciel n'est pas couvert.

Elle présente l'inconvénient d'être d'intensité très variable et d'être même inutilisable pendant un certain nombre de jours par an, particulièrement en hiver.

Les lumières artificielles sont indispensables dans les bureaux d'étude importants où l'on doit effectuer un grand nombre de tirages, quel que soit le temps. Elles présentent en outre l'avantage de donner un éclairement constant, d'où résultent des temps de pose égaux.

La lampe à vapeur de mercure, riche en rayons actiniques, est particulièrement indiquée pour ce travail de reproduction photographique.

133. Appareils de tirage des épreuves. — Le premier en date et le plus simple est le châssis ordinaire. Son prix modique et sa commodité d'emploi en font encore l'appareil le plus répandu. Par contre, il doit être ouvert et rechargé à chaque tirage, et la grandeur de l'épreuve est nécessairement limitée à celle du châssis.

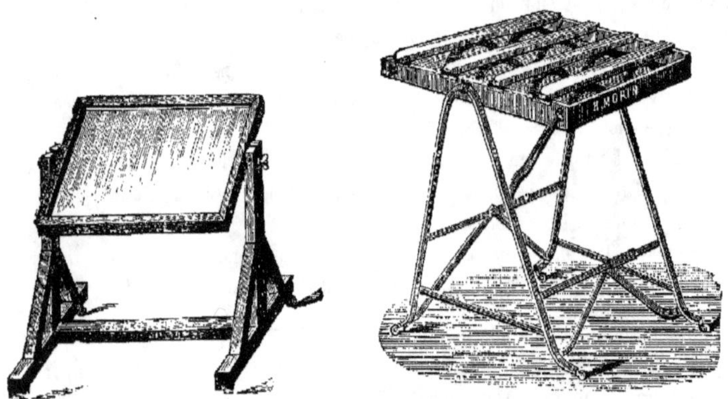

Fig. 242 et 243. — Châssis articulés.

Quel que soit le genre de papier employé, il faut mettre le côté dessiné du calque directement contre la glace du châssis. Poser ensuite le côté sensible du papier contre le dos du calque, placer un feutre par dessus le tout, fermer les volets et fixer les barres.

Exposer le châssis à la lumière de manière qu'il soit perpendiculaire aux rayons lumineux.

Lorsque les châssis deviennent grands, ils deviennent lourds et par suite difficilement maniables.

Il est alors préférable de faire usage de châssis articulés (*fig.* 242 et 243).

La figure 244 montre un de ces châssis exposé à la lumière artificielle d'un arc.

En vue d'obtenir une plus grande rapidité de tirage, on construit aussi des appareils composés de deux demi-cylindres en verre dans l'axe desquels se déplace la source artificielle (*fig.* 245).

Le mouvement de la lampe est réglé par un régulateur automatique, à vitesse variable, suivant la qualité et la nature du cliché et celles du papier photographique.

Ces appareils demandent pas mal de temps pour placer et enlever le calque et le tirage ; de plus les dimensions de ce dernier sont encore liées à celles du cylindre.

Au lieu de la lampe à arc, la société Westinghouse emploie la lampe à vapeur de mercure Cooper-Hewitt (*fig.* 246) qui constitue

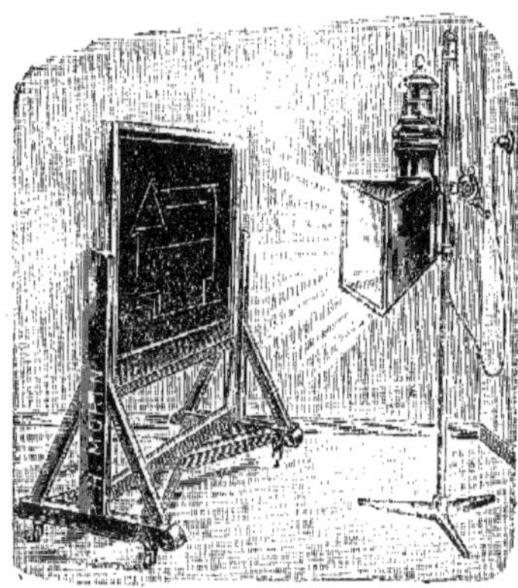

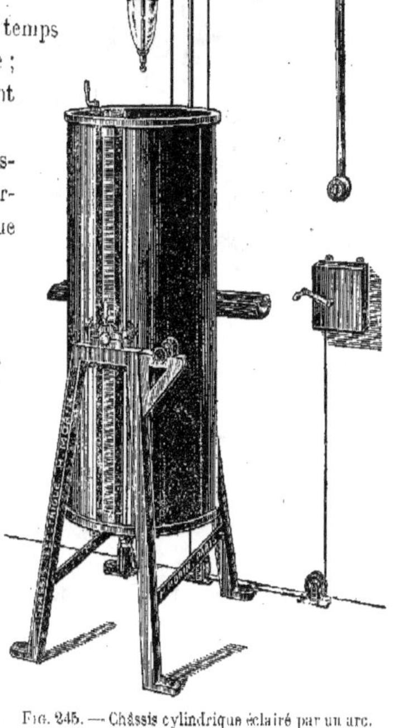

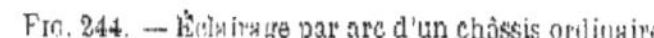

Fig. 244. — Éclairage par arc d'un châssis ordinaire.   Fig. 245. — Châssis cylindrique éclairé par un arc.

un progrès très sérieux sur la lampe à arc. Cette lampe Cooper-Hewitt est constituée par un tube de verre aussi long que le cylindre qui supporte le calque. Ce tube, placé horizontalement, est rendu lumineux par des vapeurs de mercure, dont la lumière très riche en rayons actiniques, est favorable à la rapidité du tirage. L'appareil est, très pratique et peu encombrant, mais il faut éviter d'employer une intensité trop élevée. Dans ce cas, en effet, le verre chauffe de trop ainsi que le calque. Ce dernier se dilatant, ses traits se déplacent peu à peu, d'où du flou dans les bleus. De plus la trop forte température fait jaunir le calque.

La lampe Cooper-Hewitt se fait pour courant continu ou pour courants alternatifs. La puissance prise par le modèle courant est de 6 à 700 watts. Elle donne un bleu en deux ou trois minutes.

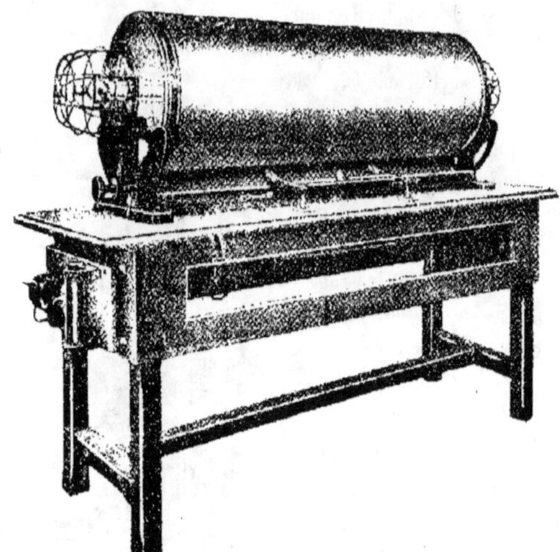

FIG. 246. — Lampe à vapeur de mercure Cooper-Hewitt.

Le prix des appareils précédents est naturellement plus élevé que celui des châssis ordinaires.

En dernier lieu sont apparues sur le marché de véritables machines à tirage continu.

Ces machines sont de deux types :

Dans le premier, le bleu et le calque passent contre le verre devant la source lumineuse. Leur contact est assuré par une courroie ou un procédé équivalent. Cette disposition présente des inconvénients :

Le frottement du calque contre le verre fixe efface les traits ;

Les calques neufs glissent souvent difficilement ;

Le contact n'est pas toujours bien maintenu, ce qui donne des tirages flous.

Dans le deuxième une courroie, semi-transparente, sert à maintenir le calque bien appliqué contre le verre.

La lumière doit alors traverser cette courroie, ce qui diminue le rendement.

La machine automatique Westinghouse a été étudiée pour parer aux inconvénients précédemment cités.

La figure 247 donne la vue extérieure de cette machine et une coupe schématique permettant de suivre le fonctionnement.

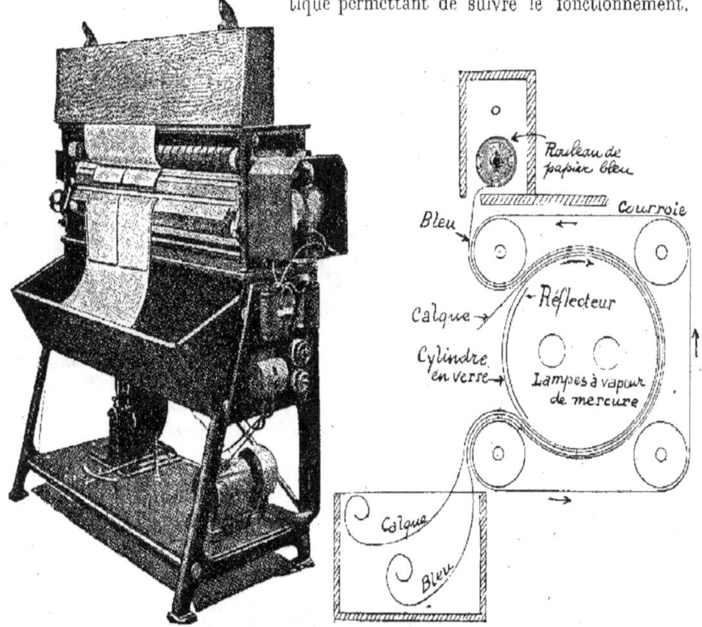

Fig. 247. — Machine automatique Westinghouse à tirer les bleus.

Comme le montre la figure 247, la machine se compose d'un cylindre tournant, en verre, à l'intérieur duquel se trouvent deux lampes à mercure et un réflecteur. Le cylindre repose sur une série de courroies étroites qui embrassent les trois quarts de sa circonférence et s'enroulent sur quatre poulies. Le papier bleu est placé dans une boîte située à la partie supérieure de la machine ; il s'enroule sur le cylindre comme l'indique la figure. Quant au calque, il est placé directement sur le cylindre

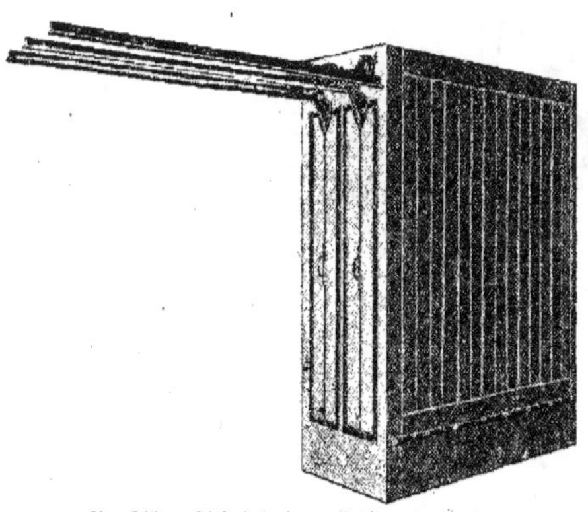

Fig. 248. — Séchoir à plans « Rationnel » fermé.

sans l'emploi d'aucun guide. Cette absence de guide est une des caractéristiques de la machine ; elle est particulièrement avantageuse quand on emploie de vieux dessins dont les bords sont roulés ou repliés.

Cette machine est établie pour fonctionner sur courant continu ; elle est actionnée par un moteur électrique de 1/6 de cheval branché sur le même circuit que les lampes.

Le contrôleur de vitesse permet de pousser la marche de la machine jusqu'à 4^m,50 par minute.

La largeur des reproductions peut être de 110 centimètres ou de 150 centimètres suivant le type de machine employé.

La vitesse du tirage varie avec la qualité du papier et du calque. Avec

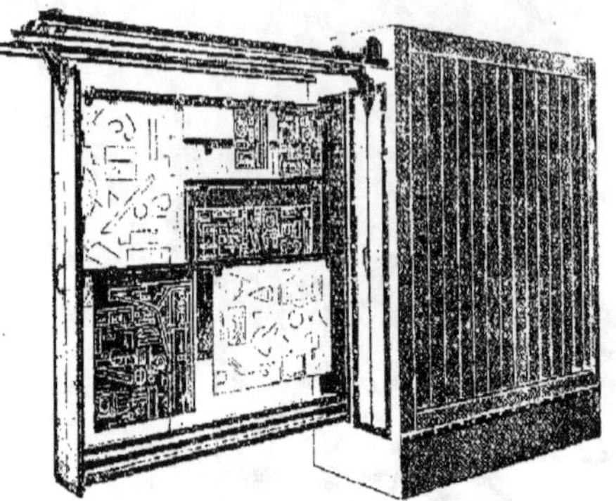

Fig. 219. — Séchoir à plans « Rationnel » ouvert.

le papier ordinaire au ferro-prussiate rapide, la vitesse linéaire est d'environ 1^m,20 à 1^m,50 par minute, soit 72 mètres et 90 mètres par heure.

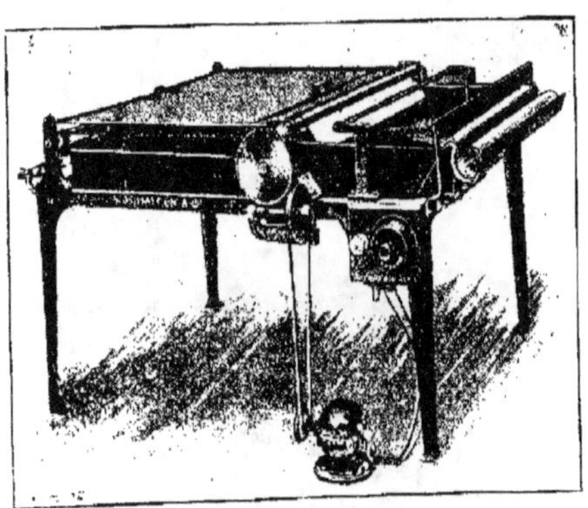

Fig. 220. — Machine automatique « Halden » à laver et sécher les bleus.

Mais des bleus suffisamment distincts, quoique plus clairs, peuvent être obtenus avec une vitesse beaucoup plus grande.

Dans les bureaux où l'on tire un très grand nombre d'exemplaires chaque jour, on est conduit à faire usage de séchoirs permettant un séchage rapide des épreuves en toutes saisons.

Les figures 248 et 249 nous montrent un exemple d'appareil de ce genre se chauffant au gaz, à la vapeur ou à l'électricité.

On a même établi des machines à lavage et séchage continus des bleus (*fig.* 250).

134. Procédé nouveau. — Signalons, en terminant, un mode récent de reproduction des dessins, donnant des résultats remarquables tant par la beauté des tirages obtenus que par leur faible prix de revient.

Son principe est le suivant :

Sous l'action d'un ferro-prussiate impressionné, mais non développé, une gélatine ferreuse se décompose et retient l'encre d'imprimerie sur toutes les parties correspondant à celles non impressionnées sur le ferro, c'est-à-dire aux traits noirs du calque.

Il suffit alors d'appliquer sur cette gélatine une feuille blanche pour obtenir un tirage de la couleur de l'encre employée. Après un nouveau passage du cylindre encreur, la gélatine est prête pour un nouveau tirage.

On conçoit que l'intérêt de ce procédé croît avec le nombre de reproductions identiques à obtenir.

135. Cas des coupes. — Comme nous venons de le voir, les tirages photographiques ne donnent qu'une seule couleur ; il est donc impossible de reproduire, par ce procédé, les teintes conventionnelles. On est ainsi réduit à n'utiliser pour la représentation des coupes que les hachures.

Cependant, lorsqu'une matière domine dans un appareil, on peut, pour cette matière, passer sur le cliché une teinte d'encre de Chine claire en employant le papier au ferro-prussiate pour les épreuves. Cette teinte se reconnaîtra sur le tirage à l'aspect bleu clair des régions ainsi recouvertes.

Pour les tirages à traits noirs sur fond blanc on peut aussi ne pas tracer de hachures, et teinter ensuite chaque épreuve séparément, ces tirages représentant alors de véritables dessins.

136. Corrections et surcharges. — Sur les calques on pourra employer la gomme et le grattoir en ayant bien soin de tendre le papier à l'aide du pouce et de l'index de la main gauche pour éviter qu'il ne se froisse.

Sur les bleus on fera usage, pour les corrections, d'une dissolution de carbonate de soude qui, passée au tire-ligne ou à la plume, fera apparaître où elle a été posée, un trait blanc par suite de la destruction de la couche bleue. Les surcharges se font généralement à l'encre rouge ; on peut aussi ajouter à cette encre du carbonate de soude qui, enlevant le bleu, fera mieux ressortir le rouge.

Quant aux tirages à fond blanc, ils se traitent comme les dessins ordinaires.

LECTURE DES DESSINS

XXI. — Lecture des dessins

137. Son importance. — S'il est possible d'admettre que, dans un atelier, la majeure partie du personnel ne sache pas dessiner, on peut affirmer qu'il serait nécessaire que tous puissent lire correctement un dessin.

En fait, bien des erreurs d'exécution proviennent d'interprétations erronées des dessins, dues à un manque de connaissances de cet ordre.

Le meilleur procédé pour apprendre à lire un dessin consiste à s'exercer, d'après nature, à l'exécution des croquis ; cependant on peut y ajouter divers exercices très profitables que nous conseillons notamment à tous ceux qui désirent se perfectionner dans la lecture des dessins.

138. Exercices conseillés. — Énumérons les plus intéressants :

1º Un dessin d'ensemble étant donné :

En extraire les croquis ou dessins isolés et complets de chaque pièce constitutive ;

Tracer sur une vue de ce dessin un axe quelconque et dessiner la coupe suivant cet axe.

2º Étant données deux vues principales d'un organe ou d'un ensemble et, s'il est nécessaire, les vues de détail complémentaires qui les complètent :

En déduire une troisième vue principale.

3º Étant donnés les croquis ou dessins isolés et complets de chaque pièce constitutive d'un ensemble :

Reconstituer les vues principales de cet ensemble.

La première partie constitue en quelque sorte une analyse du dessin, les deux autres en représentent des synthèses.

Étant donnée la nature de ces exercices, on conçoit aisément que des notions de géométrie descriptive ne puissent qu'être utiles, notamment pour les coupes, comme va nous le montrer l'exemple suivant.

139. Exemple de coupe. — Considérons le mandrin de la figure 251 et cherchons à établir sa coupe suivant un plan, dont l'axe XY est la trace sur le dessin.

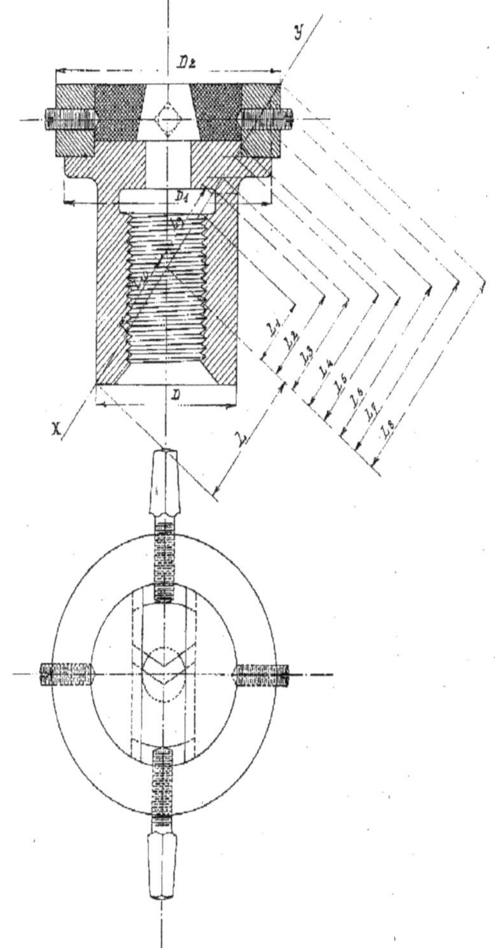

Fig. 251. — Mandrin à vis.

Les volumes coupés étant des cylindres, leurs sections planes seront des ellipses ou comprendront des portions d'ellipses qu'il est facile de tracer, puisqu'on connaît pour chacune d'elles ses deux axes.

Le petit axe est le diamètre du cylindre coupé, c'est-à-dire la largeur du rectaugle le représentant en élévation ; quant au grand axe, sa valeur est donnée par la distance entre les génératrices gauche et droite du cylindre, comptée suivant le plan de coupe. Plus simplement, ce sera sur la figure 252, pour la partie cylindrique inférieure par exemple, le double de la longueur L.

La coupe de la vis A donnera aussi une ellipse déterminée de la même manière.

La marche à suivre consiste à faire successivement les coupes des diverses parties constitutives en commençant par celle de diamètre maximum.

Ayant tracé pour l'une d'elles, la couronne supérieure par exemple, les demi-ellipses utiles, extérieure et intérieure, on limitera la section réelle de cette couronne

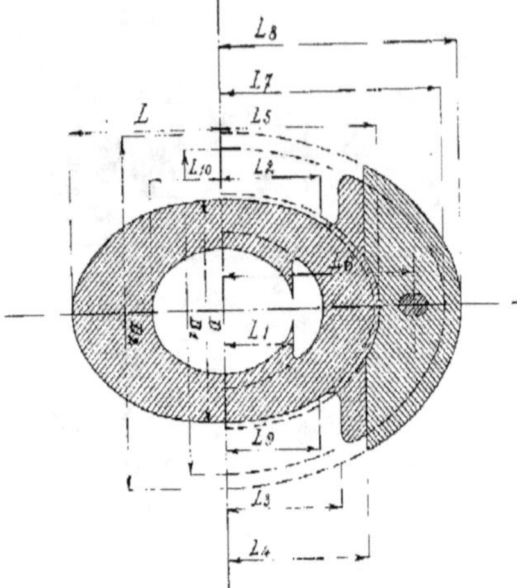

Fig. 252. — Mandrin à vis. - Coupe XY.

en remarquant que les plans de base des cylindres sont coupés suivant des droites dont les traces sont données en élévation par les intersections de l'axe XY avec ces lignes de base.

Quant aux arrondis, on pourrait les déterminer par points, mais pratiquement on se contente d'un tracé approché.

140. Dessins proposés. — A titre d'exemples, nous donnons :

Figure 253, les vues d'ensemble d'un robinet à boisseau ;

Figure 254, les vues d'ensemble d'une poupée mobile de tour Huré ;

Figure 255, les vues de détails de cette poupée ;

Figure 256, les vues d'ensemble d'une poupée fixe de tour Huré ;

Figure 257, les vues complémentaires de cet ensemble ;

Figure 258, les vues d'ensemble d'un palier graisseur à bague ;

Figure 259, les vues de détail de ce palier ;

Figure 260, les vues d'ensemble d'une roulette de trolley.

Le lecteur pourra, partant de ces vues, s'exercer à l'établissement d'autres vues extérieures ou de coupes.

Il pourra, dans le même but, se servir utilement de quelques-unes des figures précédentes de l'ouvrage.

En terminant, nous lui conseillons vivement de chercher à se procurer des bleus de maisons de construction, bleus qui lui fourniront des dessins dépassant l'importance de ceux auxquels nous avons été limité par le cadre de l'ouvrage et qui lui présenteront la question sous sa forme véritablement industrielle.

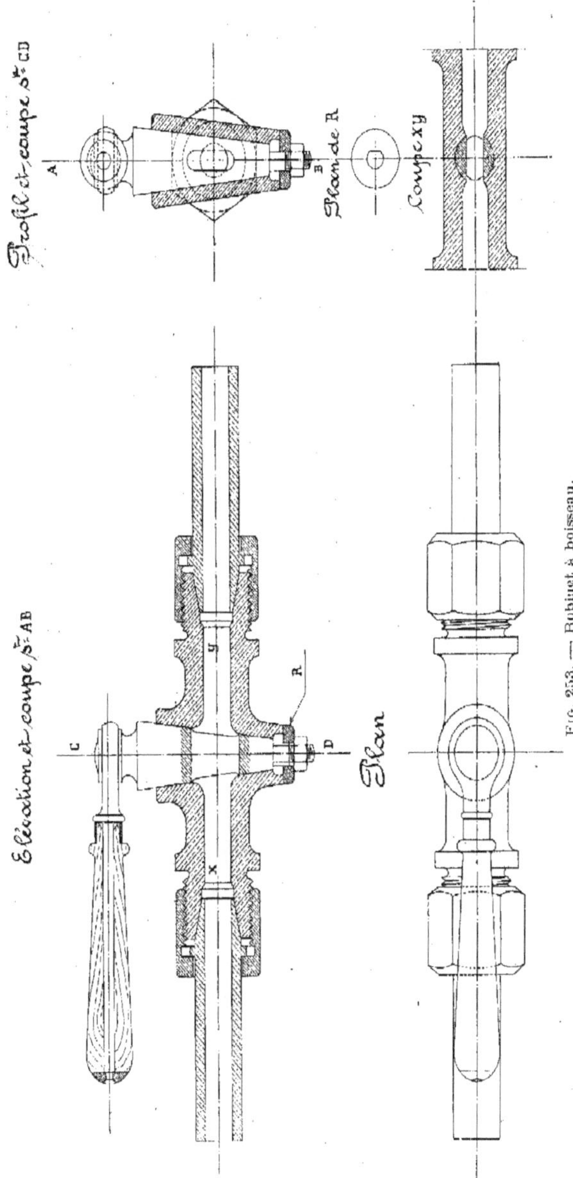

Fig. 253. — Robinet à boisseau.

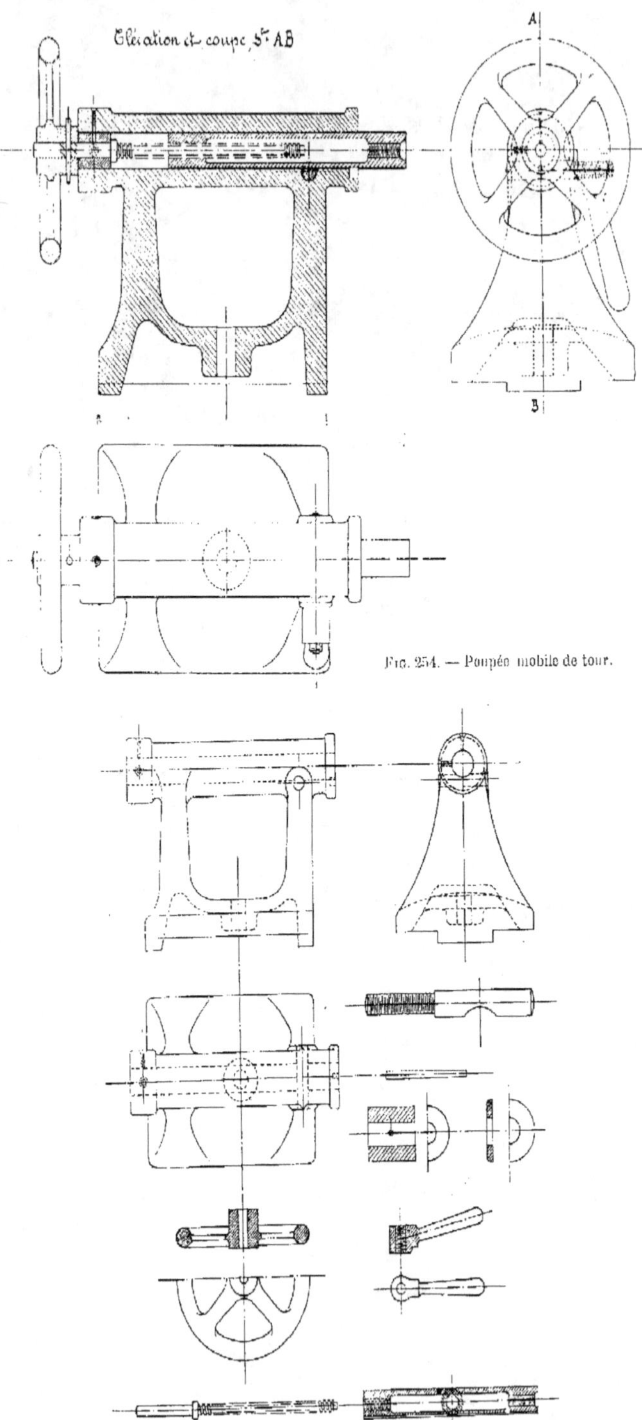

Fig. 254. — Poupée mobile de tour.

Fig. 255. — Poupée mobile de tour. — *Détails*.

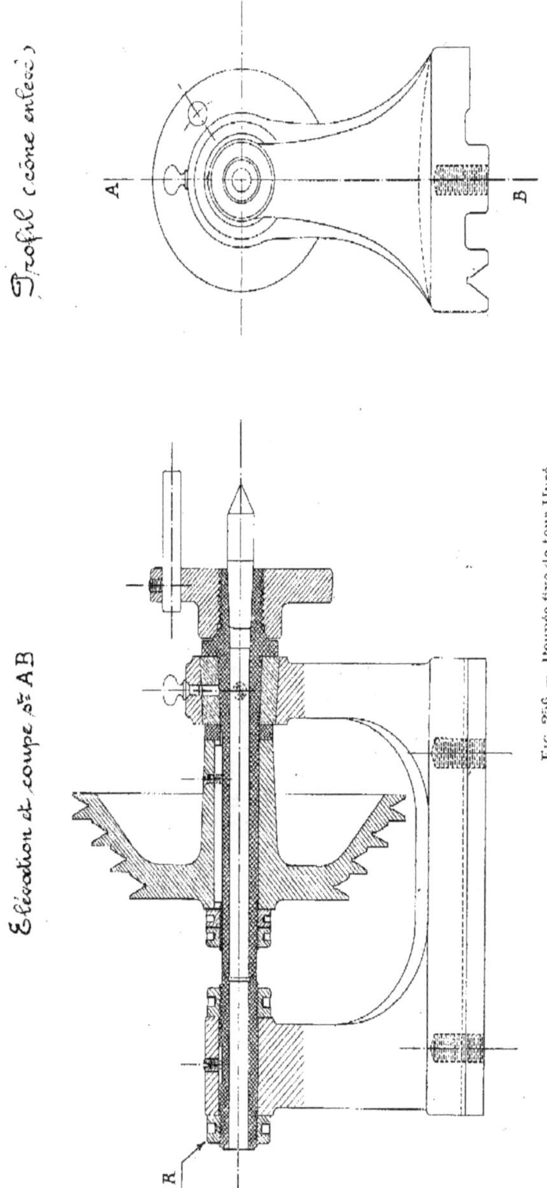

Fig. 256. — Poupée fixe de tour Huré.

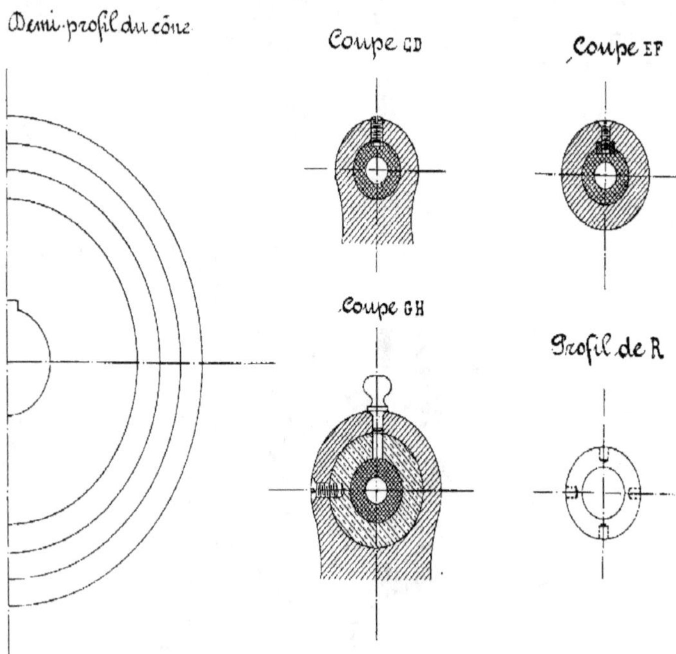

Fig. 257. — Poupée fixe de tour Huré. — *Détails.*

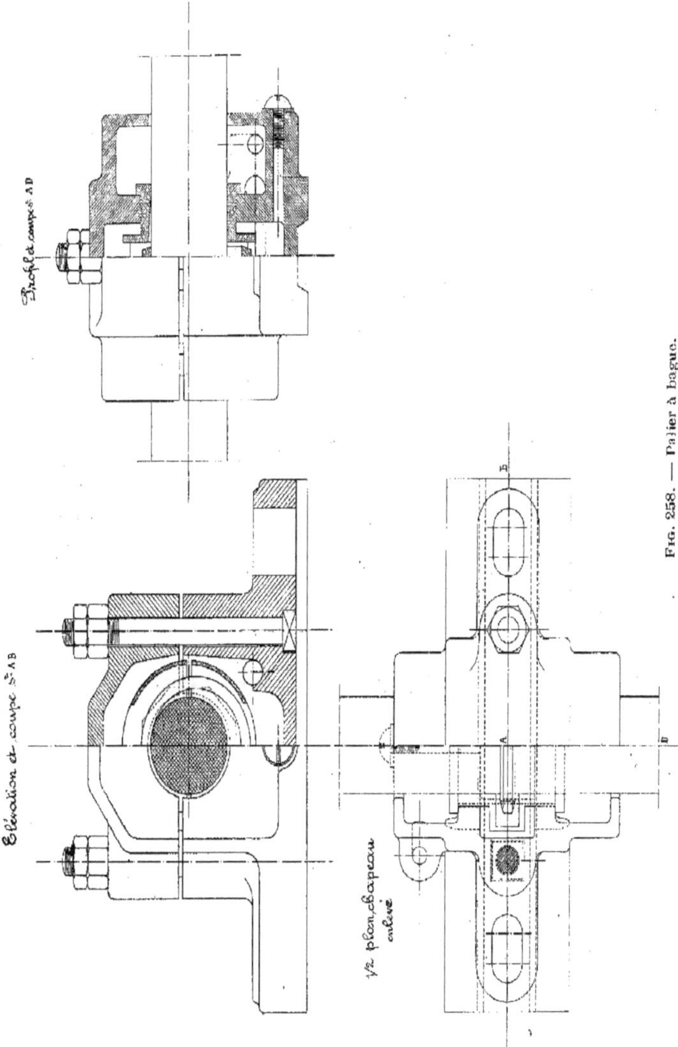

Fig. 258. — Palier à bague.

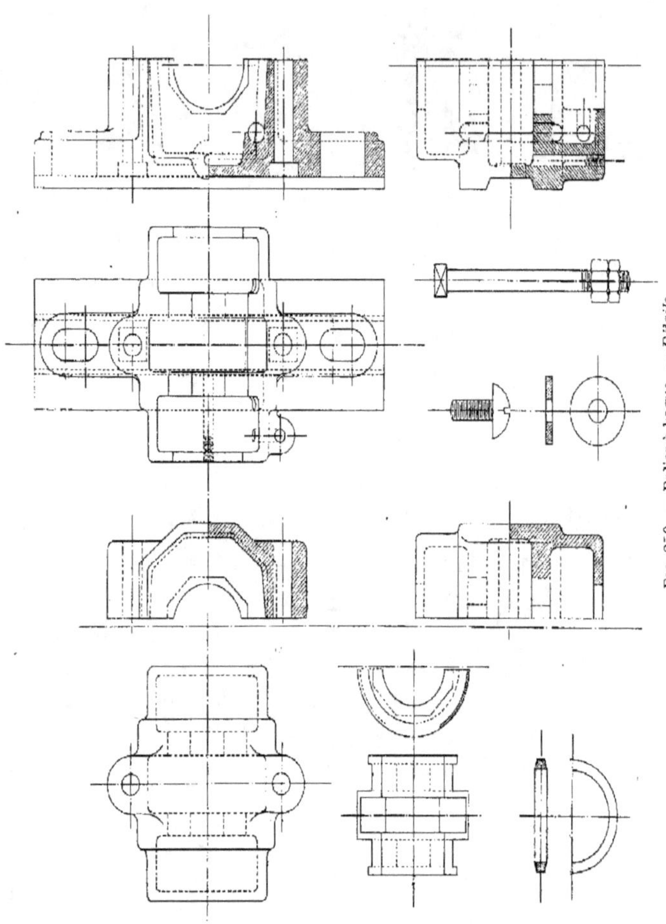

Fig. 259. — Palier à bague. — *Détails.*

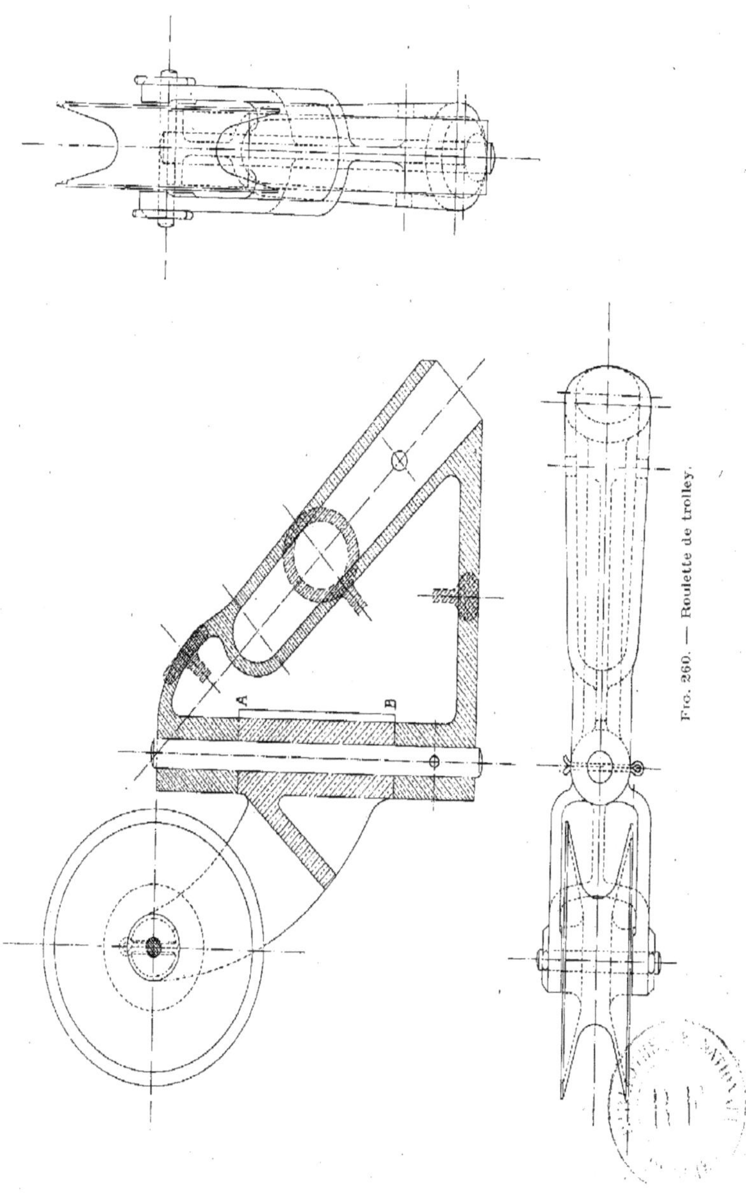

Fig. 260. — Roulette de trolley.

TABLE DES MATIÈRES

DEUXIÈME PARTIE

SURCHARGES DU DESSIN

IX. — Cotes

X. — Indications complémentaires

XI. — Titres et inscriptions diverses

TROISIÈME PARTIE

EXÉCUTION DES CROQUIS ET DESSINS. LEUR REPRODUCTION

XII. — Outillage du tracé

XIII. — Matériel pour les teintes

XIV. — Exécution des teintes

XV. — Matériel pour les cotes

XVI. — Matériel de correction et de nettoyage

XVII. — Titres et inscriptions diverses

XVIII. — Exécution des croquis

XIX. — **Exécution des dessins**

XX. — **Reproduction des dessins**

QUATRIÈME PARTIE

LECTURE DES DESSINS

XXI. — **Lecture des dessins**

TOURS. — IMPRIMERIE DESLIS FRÈRES ET Cⁱᵉ.